財政と民主主義

——人間が信頼し合える社会へ

神野直彦
Naohiko Jinno

岩波新書
2007

目次

序章　経済危機と民主主義の危機

民主主義による貨幣現象としての財政

人間の歴史がこのまま進路を変えなければ、タイタニック号が氷山に衝突したように、未来は破局へと向かってしまうに違いない。そうした危機認識のもとに、ささやかな本書を世に出すことにした。しかも、破局を回避するために、どのような進路に舵《かじ》を切るかについては、すべての社会の構成員がかけがえのない能力を発揮する、共同意思決定に委ねられる必要がある。そうした確信にもとづいて、本書は未来を構想しようとしている。

人間社会の未来の運命は、社会の構成員一人ひとりの生命活動の運命にほかならない。そのため社会の構成員が、自己の生活と未来にかかわる決定に平等に参加するのは、当然の権利と責任である。人間社会の未来の運命は、誰にもわからない。しかし、どんな障害を負っていようとも、すべての人間にかけがえのない能力があると想定すれば、すべての社会の構成員が平等な権利と責任をもって、共同意思決定で未来を選択したほうが間違いは少ないということになる。こうした考えこそ、民主主義を弁証する背後理念だといってよい。

現在では先進諸国をはじめとして、多くの国々が市場社会という体制を採っている。市場社会は、市場経済と民主主義とを構成要素にして成り立っているといわれる。つまり、人間の生活に必要な有用物を生産・分配する経済システムは市場経済でなされ、人間の生活を社会として統合する政治システムは、民主主義にもとづく社会でなされる。そうした社会形態が、市場社会だと考えられてきたのである。

市場社会における市場経済には、生産物を取り引きする生産物市場が存在するだけではない。土地、労働、資本が生み出す要素サービスを取り引きする要素市場も存在する社会が、市場社会なのである。つまり、生産・分配を要素市場の取り引きで実施する社会が市場社会なのである(**図序−1**)。

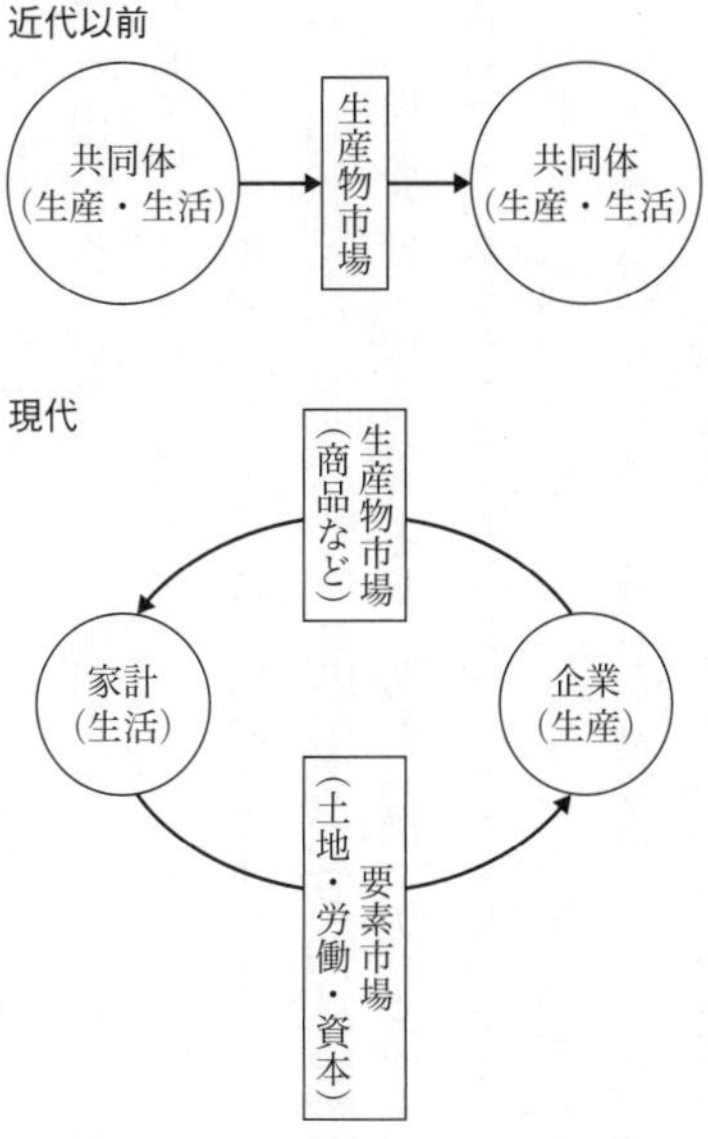

図序−1　共同体的社会から市場社会への変化

ところが、要素市場が存在するためには、政治システムが土地などの生産要素に私的所有権を設定している必要がある。そのためには政治システムが強制力を所有していなければならない。しかし、生産要素が私的に所有されてしまうと、政治システムは生産要素を領有できなくなる。そのため政治システムは、生産要素の所有者である被統治者の合意を得て、要素市場が生み出す地代、賃金、利子・配当などの所得から、租税を調達して、強制力を備えて社会を統合していくことになる。

こうして市場社会とともに、財政が誕生する。つまり、市場社会で社会統合を果たす国家とは、「租税国家」なのである。市場社会を統治するのは、生産要素を所有する被統治者である。言い換えれば、統治される者である「民《たみ》」が、支配者である「主《あるじ》」となっている。したがって、市場社会の政治システムは「民主主義」という体制となる。

財政とは「パブリック・ファイナンス(public finance)」の翻訳語である。「パブリック(public)」とは「公」を意味し、社会の構成員の誰をも排除しないことを意味する。「ファイナンス(finance)」とは貨幣現象を意味するので、財政とは「公的貨幣現象」という意味である。

したがって、被統治者である「民」が社会の統治者となる民主主義という政治システムが、ヨーロッパにおける市民革命によって成立するまでは、財政は存在しない。君主も領主も、土地や労働という生産要素を領有しているので、領土からの生産物と領民の労働によって支配が可能だったからである。仮に貨幣を調達しても、それは君主や領主の「私的会計」における貨幣現象であり、「公」の貨幣現象ではない。

このように市場社会では、経済システムと政治システムが明確に分離していて、二つのシステムは財政によって結びつけられている。経済システムである市場経済は、要素市場も生産物市場もすべて貨幣を媒介とした市場という交換関係で成り立っているので、市場経済こそ貨幣現象である。

財政も貨幣現象である。しかし、それは公的な貨幣現象である。市場経済における貨幣現象とは正反対の貨幣現象だといってもよい。というよりも、財政は民主主義による貨幣現象なのである。

市場経済における貨幣の流れは、市場での交換関係を媒介とするため、貨幣が流れれば、その反対給付として財・サービスあるいは貨幣そのものの流れが生ずる。ところが、財政の貨幣の流れは違う。そもそも市場で取り引きをするか否かは任意なのに対して、租税という貨幣の流れは強制であり、何の反対給付の流れもなく生ずる。しかし、このように何の対価もなく、強制的に貨幣を調達するためには、社会の構成員の共同意思決定による合意という民主主義にもとづかなければならないのである。

もっとも、何の対価もなく、強制的に調達した貨幣で、生産物市場から生産物を調達し、要素市場から労働サービスを購入するが、それは公共サービスを生産するためである。もちろん生産した公共サービスは何の対価もなく、社会の構成員に無償で提供されることになる。とはいえ、貨幣そのものを社会の構成員に給付する場合もある。それも何の対価もなく、無償で給付されていくのである。

どのような公共サービスや現金をどれだけ提供するかは、やはり社会の構成員の共同意思決定という民主主義にもとづいて決定される。このように市場経済という経済システムから、民主主義にもとづいて貨幣を調達し、さらに公共サービスや貨幣を給付するのは、財政によって政治システムが社会統合を果たすためである。財政によって社会統合が実現しなければ、市場経済という経済システムが機能するための前提である生産要素に対する私的所有権も安定しなくなり、経済システムも機能不全に陥ってしまうのである。

社会システムにおける生命活動

このようにみてくれば、財政とは、経済と政治との交錯現象だということが理解できるはずである。財政そのものの意味が、「公的貨幣現象」だということを考えれば、貨幣をめぐる経済システムと政治システムとの「綱引きの場」が財政だということができる。経済システムの市場関係は交換手段であり、価値尺度でもある貨幣によって媒介される。財政は民主主義にもとづいて、市場経済の貨幣循環から貨幣を強制的に引き出し、その貨幣を使用して民主主義による統治を行うことになる。

しかも、市場経済という「お金儲けをしてもよい領域」で貨幣を循環させるか、財政という

「お金儲けをしてはいけない領域」で貨幣を循環させるかを決定するのは、財政自体であり、民主主義で決定される。もちろん、財政での貨幣循環は、民主主義にもとづいて社会統合を果たすための貨幣循環である。

しかし、財政を経済システムと政治システムとの交錯現象として理解するだけでは、人間の歴史が破局へと向かっている現在の状況はみえてこない。このことは、生命ある人間の社会は、市場社会であろうとも、貨幣を媒介にした関係だけでは、存続しえないことを意味している。すなわち、貨幣によって媒介される交換という市場関係だけでは、人間の生命活動は成り立たないからである。

財政が貨幣現象だといっても、そこでは貨幣が交換関係として流れないのは、そのためだといってもよい。財政によって、貨幣を媒介とする交換関係ではない人間と人間との関係も存続させなければ、社会統合が実現できないからである。貨幣を媒介とする交換関係ではない人間関係とは、生命体としての人間が生存していくための関係である。

繰り返すように、市場社会とは要素市場が存在する社会である。要素市場が存在するということは、人間が生命活動としての生活を営む「場」と、生活に必要な生産活動を営む「場」とが分離していることを意味する。つまり、前近代社会の農家のように生産も生活も分離することなく統合して営んでいるわけではないのである。

したがって、市場社会において人間は、社会システム、経済システム、政治システムという三つの舞台で、一人で三役を演じることになる。第一の舞台である社会システムという生活の「場」では、家族や地域社会を形成して生命活動を営むという役割を演じる。第二の舞台である経済システムという生産の「場」では、そこに働きに行き、生産活動を営むという役割を演じる。第三の舞台である政治システムという統治の「場」では、被統治者であると同時に統治者として、社会の統合を果たしていく役割を演じるのである。

人間の歴史が破局へと向かっているという現在進行中の危機とは、社会システムで営まれている人間の生命活動の存続が困難となる危機である。人間の生命活動は、人間同士の共生関係を形成して営まれている。つまり、人間の生命活動としての生活は、相互扶助や共同作業がともに行われる共同体を形成して営まれている。

市場関係という人間関係は、本来、共同体と共同体とが接触するところでしか生じない。つまり、共同体の内部では貨幣を媒介にした交換関係は存在しない。しかし、市場関係が共同体の外側を包み込んでしまうと、共同体は小さく分裂していくことになる。そのため現在では、家族という共同体しか存在しないようになってしまったのである。

もちろん、家族の内部では貨幣を媒介にした市場による交換関係は生じない。もしも、家族内部の人間関係が市場関係になってしまえば、生まれて間もない乳幼児は、生存することができきない。労働能力のない乳幼児は、生存に必要な有用物を市場の交換で取得することができないからである。労働能力を喪失した高齢者も同様である。そうした高齢者も、市場の交換関係で、生存に必要な有用物を取得することができないからである。

このように家族の内部では、市場の交換関係を機能させずに、共生関係が機能しているので、生命体としての人間の生命を存続させる「生命の鎖」が形成できている。したがって、社会システムとしての家族においては、個体としての生命活動が家族の構成員とともに営まれるため、次の世代を再生していくという生命活動も実現しているのである。

しかし現在では、共同体は小さく分裂し、「最後の共同体」としての家族しか残っていない。とはいえ、家族間の自発的協力関係が消滅したわけではない。同じ自然環境のもとで、家族内における生命活動が営まれるのであれば、家族間にも同質性が生まれる。しかも、家族の移動性が少なければ、家族間の相互扶助や共同作業を担う共同体が自然に形成されていくようになる。もっとも、前述のように地域共同体が市場経済によって包まれてしまうと、こうした家族間の同質性は崩れ、移動性が高まり、地域共同体に亀裂が走って、その機能が弛緩《しかん》していくことになる。

確かに、帰属集団としての地域共同体は弱体化している。もちろん地域ごとの程度の差は大きい。とはいえ、こうしたインフォーマル・セクターの機能が弱まっていることは事実である。

しかしその一方で、人間の生命活動にかかわる諸課題について、協力関係をつくって解消しようとする自発的な市民組織も組織化されていく。つまり、社会システムにおいて家族や地域共同体というインフォーマル・セクターの周縁で、ボランタリー・セクターが簇生《ぞくせい》していくことになる。

このように人間の生命活動は、社会システムで形成される社会環境に抱かれて営まれている。こうした社会システムにおける人間の生命活動が持続不可能になろうとしていることが、現在の私たちに投げかけられている根源的な課題である。しかし、こうした根源的課題も民主主義を活性化させて、財政を有効に機能させて乗り越えていくしかない。そのことを本書では主張していくことになる。

財政の三つの役割

財政の存在理由は、「市場の失敗(market failure)」から一般的に説明される。つまり財政の役割は、市場では供給できない財・サービスすなわち「公共財」を提供することだと説明される。さらに、公共財が市場で供給不可能なのは、非排除性と非競合性を備えているからだとされている。市場で取り引きされる民間財は、対価を支払わなければ消費できないので、消費から排除されるという排除性を備えている。これに対して防衛や司法、警察といったサービスなどは、対価を支払わなくても消費から排除されない非排除性があり、市場では供給不可能となる。したがって、これらは公共財として財政が提供することになると弁証される。

しかし、公共財という概念を提起したアドルフ・ワグナー(Adolf Heinrich Gotthilf Wagner)をはじめとするドイツの財政学者たちが、排除性を所有権の現象として説明していたことを忘れてはならない。大富豪の庭園には私的所有権が設定されているので、排除性が生じる。しかし、この庭園が寄付されるなどして私的所有権が外れて公園となれば、非排除性が生じ、社会の構成員が排除されることなく利用することができるのである。

非排除性とともに公共財を規定するとされる非競合性は、誰かが消費しても、それによって消費量が減少しないため、消費が競合しないことを示している。先に挙げた防衛などのサービスも非競合性があるし、よく非競合性の説明として使用される灯台のサービスも同様である。ただし、そもそも公共財の概念が提起された時には、公共財が無形財だから非競合性をもつということを説明していたのである。

食料や衣服といった有形財は、消費が競合するけれども、無形財つまりサービスは消費が競合しないので、私的財として市場で取り引きできないと見なされていた。しかし、無形財であっても、等量消費(すべての人が同一の数量を同時に消費すること)あるいは集団消費されるもののもあれば、分割して割り当て可能な無形財もある。つまり、無形財であっても所有権を設定すれば私的財となり、逆に所有権を設定しなければ公共財となる。

そうだとすれば、財政が何を公共財として、つまり何を公共サービスとして提供するかは、政治システムで私的所有権を設定するか否かにかかっている。育児や医療、福祉などのサービスについても、私的所有権を設定して私的財として市場の取り引きで供給することもできれば、公共財として財政が提供することもできるのである。

私的財は市場機構を通じて、社会の構成員の購買力に応じて分配される。つまり、富裕な者には多く、貧しき者には少なく分配される。公共財は社会の構成員の必要に応じて分配される。社会の構成員が、自分たちの社会では、この財・サービスは購買力に応じて分配すべきか、必要に応じて分配すべきかを判断して、私的財とするか、公共財とするか、あるいは両者の中間財とするかを決定していくことになる。

公共財つまり公共サービスを提供する財政の機能を、「資源配分機能」と呼んでいる。資源配分機能とは、市場経済が機能できない領域、あるいはそれを機能させない領域で、財政が財・サービスを提供する機能である。ところが、市場経済は正常に機能していたとしても、人間の社会に亀裂を生じさせる問題を引き起こしてしまう。

生産・分配という経済活動が要素市場の取り引きとして行われる市場社会では、要素市場で所得つまり購買力が分配され、その購買力に応じて生産物も分配されていく。しかし、要素市場による所得分配は必ず格差をもたらすし、貧困を生じさせもする。要素市場による所得分配が公正か否かを判断するのは、民主主義にもとづく政治システムである。社会の構成員の共同意思決定で、要素市場による所得分配が公正ではないと判断すれば、租税と現金給付を組み合わせた財政の「所得再分配機能」によって、公正だと合意される水準にまで是正することになる。

市場経済が必ず生じさせる問題は、所得分配の問題だけではない。市場経済は好況—恐慌—不況という景気変動を繰り返す。景気変動は、雇用されない失業という状態を深刻化させる。市場社会では雇用されさえすれば、要素市場で所得を稼得《かとく》できる。しかし雇用されなければ、生活の糧《かて》たる所得を稼得できない。そこで財政によって景気変動を安定化させ、雇用保障を図ることになる。これを財政の「経済安定化機能」と呼んでいる。

財政によるシステム統合

このように財政が資源配分機能に加え、所得再分配機能と経済安定化機能を備えるようになるのは、社会システムにおいて営まれている人間の生命活動としての生活を保障するためである。人間の生命活動が持続不可能となれば、社会統合は不可能となる。経済活動も機能しないどころか、人間の生命活動の手段にすぎない経済活動は、そもそも存在理由がなくなっ

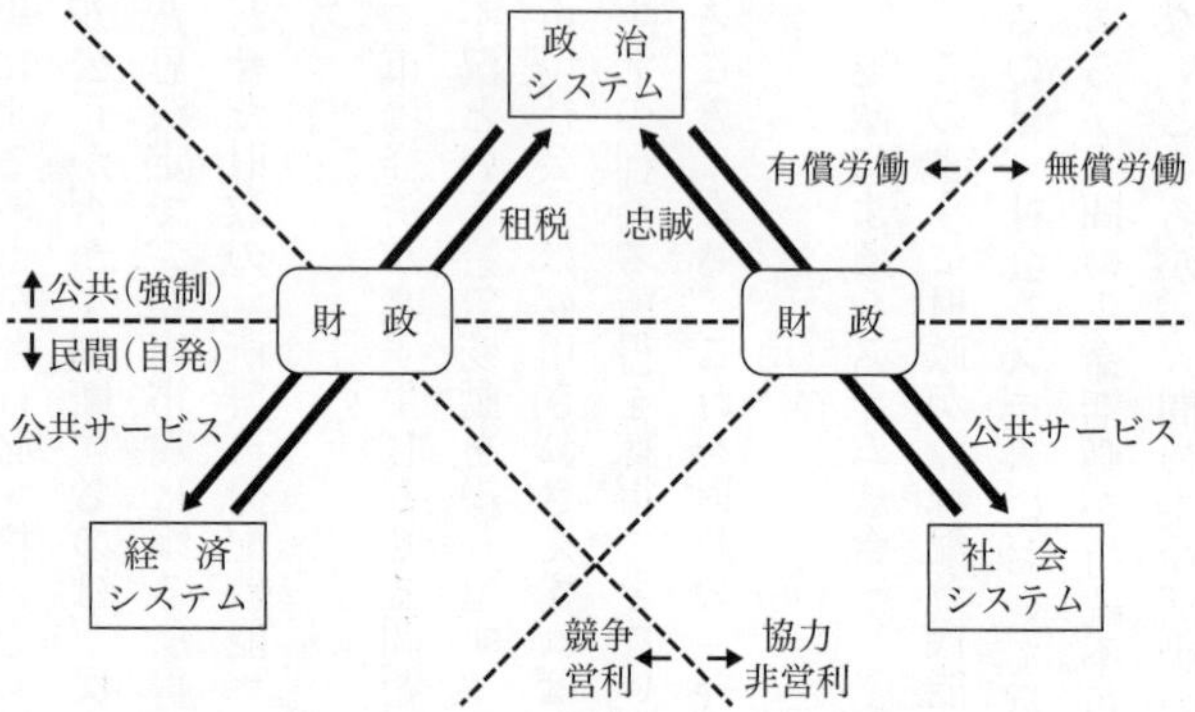

図序-2　社会を構成する3つのサブ・システムと財政の役割

てしまう。

そこで第二次大戦後には、資源配分機能、所得再分配機能、経済安定化機能という三つの機能を有効に機能させて、システム統合を図る福祉国家体制が先進諸国で定着していった。総力戦遂行のための「城内平和」という遺産もあって、第二次大戦後の政治システムでは、大衆民主主義が確立する。経済システムでも、総力戦の遺産としての耐久消費財産業を戦略産業とする重化学工業化が展開する。そのため財政は、全国的な交通網やエネルギー網という重化学工業化を支える社会的インフラストラクチュアを整備して、経済成長を図ることとなったのである。

しかも、「黄金の三〇年」と讃《たた》えられる経済成長の果実を、資本所得や高額所得を重課《じゅうか》する租税制度によって調達して、財政の所得再分配機能と経済安定化機能を高めることで、生活保障と雇用保障を可能にした。

こうした第二次大戦後の福祉国家体制のもとでは、財政の三つの機能を有効に機能させて、経済システム、政治システム、社会システムという三つのサブ・システムの統合を果たし、貧困を克服しつつ、生活水準の上昇を実現したのである(**図序-2**)。

市場経済に抱かれる国家

しかし一九七三年は、こうした福祉国家体制が、崩壊していくことを象徴する年となった。

第一に、政治システムにおける大衆民主主義が機能不全を起こしていくことを象徴する年となった。それは、野蛮な暴力で民主主義が破壊されていく「九・一一」が発生するからである。

一九七三年九月一一日、反市場主義を唱え、圧倒的な民衆の支持を集めてチリの大統領に就任したサルバドール・アジェンデ(Salvador Allende)が、ピノチェト(Augusto Pinochet)将軍が率いる軍のクーデターによって惨殺される。アジェンデは燃え盛る大統領府のベランダで国民に最後の演説を行い、「知ってほしい。やがて大通りが再び解放されて、その上を自由な人間がより良き社会の建設に向けて歩みでることを!」と訴えてあの世へと旅立っていく。

このクーデターにはアメリカの諜報機関CIAの関与が指摘されており、「民主主義」を旗印に掲げた覇権国アメリカが、自ら野蛮な暴力で民主主義を破り捨てたことになる。クーデターによって独裁政権を樹立したピノチェトは経済官僚をすべて、市場原理主義を唱えるミルトン・フリードマン(Milton Friedman)の率いるシカゴ学派に就かせ、新自由主義の経済政策を展開する。その成果をフリードマンは「チリの奇跡」と絶賛したのである。

私の恩師である宇沢弘文先生は、雑誌『世界』二〇〇七年一月号に掲載された「経済を民主主義の制御のもとへ」という私の雑文への感想の手紙で、次のように述べられていた。

一九七三年九月一一日、私はシカゴにいました。たしか、Al Harburgar の家でかつての同僚たちと集まりに出ていたとき、たまたま、チリのアジェンデ大統領が殺されたという知らせが入った。その席にいた何人かの Friedman の仲間が、歓声をあげて、喜び合った。私はそのときの、かれらの悪魔のような顔を忘れることはできない。それは、市場原理主義が世界に輸出され、現在の世界的危機を生み出すことになった決定的な瞬間だった。私自身にとって、シカゴとの決定的な訣別の瞬間だった。

このように一九七三年の「九・一一」は、人間の歴史が破局へと向かうような世界的危機への序曲となったのである。

第二に、経済システムの重化学工業化の行き詰まりを告げる石油ショックが、一九七三年に発生する。第二次大戦後の経済システムは、重化学工業化によって大量生産・大量消費を実現し、「黄金の三〇年」と讃えられる経済成長を遂げるが、それは自然資源の大量消費をもたらすことになる。

石油ショックは、単に石油の不足にとどまらず、大量消費される再生不能な自然資源が枯渇の危機に瀕していることを告げていたといってよい。すでに前年の一九七二年には、ローマクラブが「成長の限界」と銘打った報告書を発表し、自然環境の破壊によって起こる「人類の生存の危機」を警告していた。石油ショックは重化学工業化の限界を象徴していたのである。

第三に、福祉国家というシステム統合を実現するために、財政の三つの機能を有効に発揮する条件が、一九七三年に失われたことである。つまり、財政が所得再分配機能と経済安定化機能を果たすための前提条件であるブレトン・ウッズ体制という第二次大戦後の国際経済秩序が、一九七三年に最終的に崩壊してしまったのである。

カール・ポランニー(Karl Polanyi)の思想を継承するポランニアン(Polanyian)たちの表現に従えば、ブレトン・ウッズ体制は金融を社会の「従僕」にしようとしていたことになる。そうだとすれば、その崩壊は、金融が社会の「主人」となってしまったことを意味する。そのことは、市場経済が国家に抱かれていた関係が、国家が市場経済に抱かれる関係に転換したと言い換えてもよい。

政治システムの制御から解放された市場経済は、それが必然的に生じさせる格差や貧困、さらには経済変動を激化させていく。そうした矛盾は、二〇〇八年のリーマン・ショックを引き金に金融危機となって噴出することになる。もちろん、こうした市場経済の津波によって、社会システムにおける人間の生命活動を保障するはずの財政は機能不全を起こしていたのである。しかも、人間と人間との共生関係が市場経済に置き換えられ、人間の生命活動を支える社会環境が劣化していくだけではなく、解き放たれた市場経済が、人間と自然との共生関係であるべき自然環境をも破壊していく。こうして人間の生命活動が持続困難に陥るという危機的状況が生じてしまう。二〇二〇年からのコロナ・パンデミックは、このような危機的状態にある人間の社会を襲い、その実態を白日のもとに晒《さら》したのである。

民主主義に希望を託して

人間の社会を消滅させてしまうかもしれない危機の「ツナミ」が、絶えることなく打ち寄せてくる時代を私たちは生きている。人間の生命活動を脅かすように打ち寄せる危機の波を乗り越えようとすれば、「民主主義の経済」である財政を有効に機能させるしかない。本書が「財政と民主主義」と銘打っているのも、そのためである。財政は社会の構成員の共同負担で、社会の共同の困難を克服するために、共同事業を実施する「民主主義の経済」である。民主主義というものが、被統治者である社会の構成員が同時に統治者でもあることを意味するのだとすれば、財政は統治者である社会の構成員の権利と責任にもとづいて運営されるはずである。

ところが、国家が市場経済に抱かれるようになると、財政の理念と現実との間に大きな溝が生じてしまう。そうなると、社会の構成員から自分たちが統治者として財政を運営しているという意識が薄れ、財政によって統治されているという意識だけが高まることになる。しかも、政治過程で共同体意識に基礎づけられた共同意思決定が機能不全を起こし、政治過程が経済的利害を追求する舞台となってしまうと、財政の現実はますます理念から剝離《はくり》してしまう。そうなれば、財政への幻滅と失望が広がり、財政への関心が薄らぐことになる。

日本では、財政が民主主義にもとづいて運営されていないという財政民主主義への不信感が広がっている。もちろん、それは民主主義への悲しいまでの幻滅と失望の別表現でもある。日本の民主主義に対する絶望の度合は、先進諸国では最も高いという指摘すらある。実際、日本の選挙の投票率も国際的にみて著しく低いのである。

民主主義への信頼が高いとされるスカンジナビア諸国では、投票率も高い。スウェーデンでは投票率が九〇%を切れば、民主主義の危機だと叫ばれる。しかも、共同体意識が高く、社会的結束力が強いため、財政を自分たちが運営しているという意識が確立している。日本では租税を共同事業のために進んで納める共同負担という意識は弱く、「お上《かみ》」への貢物《みつぎもの》という認識が強い。そのため「お上」が配る貨幣的利益をめぐって我先にと争うことにもなりかねないのである。

しかし、絶え間なく打ち寄せる危機の波を前にして、人間の生命活動を持続させるために、財政を有効に機能させて、この波を乗り切るシナリオを描かなければならない。もちろん、そのためには民主主義を活性化し、財政を被統治者の共同意思決定のもとに運営する財政民主主義を取り戻さなければならない。民主主義によって有効に機能する「賢い財政」を築くことが、人間が人間らしく生きる未来のヴィジョンを創造していくことに繋《つな》がるはずである。

こうした問題関心から本書は、財政と民主主義を有機的に関連づけて、すべての社会の構成員による社会参加のもとに、自分たちの運命を自分たちの共同責任で決定できる社会を構想しようとするささやかな試みなのである。

第1章

「根源的危機の時代」を迎えて

人類の存続が脅かされる危機

私たちはいま、人間と自然とを貪《むさぼ》り食う「強盗文化」の時代に生きている。この「強盗文化」が目指す目標を転換しなければ、水色の惑星である地球とともにした私たち人間の旅は、ついには耐え難いものとなってしまうだろう。スウェーデンの環境の教科書『視点をかえて』(ブー・ルンドベリィ)は、こうした警句から始まる。

しかし、この警句は寓話《ぐうわ》ではない。現在の科学を信ずれば真理である。あらゆる科学を俯瞰《ふかん》する学問は、天文学だといってもいいすぎではない。その天文学の権威である岡村定矩《おかむらさだのり》・東京大学名誉教授によれば、私たち人間は「星の子どもたち」である(以下、岡村氏の発言は二〇二一年八月五日開催の信濃木崎夏期大学での講義「私たちと宇宙――ユニバーサルな視点から人類を見る」でのもの。信濃木崎夏期大学については第5章を参照)。というのも、私たち人間の身体を形成している原子は、宇宙でしか創ることができないからである。ビッグ・バンとともに宇宙が誕生し、原子が創り出される。そうした原子が、遠い旅路の果てに辿《たど》り着き、私たちの身体を形作っている。私たちは「星の子どもたち」なのである。

ところが、「宇宙視点から見た地球の運命についてはっきりしていることが一つある」と岡村教授は言明される。「今から約五〇億年後には太陽が主系列星としての寿命を終えて赤色巨星に進化する。最終的には太陽が火星軌道を越えるほどに膨《ふく》らむので、地球はその中に包み込まれる。蒸発してしまうかどうかは詳しく計算しないとわからないが、少なくとも地球上の生命は間違いなく絶滅する」と指摘する。

このように指摘したうえで、岡村教授は人類の将来について、「約五〇億年後には地球は消滅する。また、数カ月後に天体衝突によって人類が絶滅する可能性もゼロではない。しかしながら、現実問題として最も深刻な危機は地球温暖化である。今世紀末(約一〇〇年後)には人類は過去に経験したことがないほどの過酷な環境で生きることを余儀なくされているだろう」と主張されている。「今のところ、生命が在ることがわかっている宇宙で唯一の天体は地球しかない。地球を棄てて他の惑星に移住することは一〇〇年程度では不可能だろう。地球温暖化を可能な限り軽減し、地球と人類を持続させなければならない」と、岡村教授は警告されていたのである。

しかし、人間は社会目標の転換を迫られた危機の時代に、最悪の方向へと舵を切ってしまった。それは「第三次大戦」の開戦を告げるかのように、ウクライナ戦争の火蓋《ひぶた》が切られたからである。いうまでもなく、戦争という愚行は人間が繰り広げる最悪の環境破壊行為である。そのため岡村教授もウクライナ戦争が開戦されるや、東京大学の講壇(二〇二二年二月に行われた東京大学エグゼクティブ・マネジメントプログラム)で「人類が絶滅の危機に瀕している時に、戦争をしている場合か」と、人間が犯した最悪の愚行について悲しみを込めて嘆いたのである。

自然科学の分野だけではなく、社会科学や人文科学の分野からも、ウクライナ戦争が勃発すれば人類の生存自体が脅かされるという警告が、その開戦前から発信されていた。

アメリカの言語学者ノーム・チョムスキー(Avram Noam Chomsky)は、イギリスの政治学者リチャード・サクワ(Richard Sakwa)の「二〇〇八年のロシア・グルジア(現ジョージア)戦争は、最初の〝NATO拡大を阻止するための戦争〟だった。二〇一四年のウクライナ危機が二番目だ。三番目が起これば、人類が生き延びられるかどうかはわからない」との警告を紹介しながら、「プーチンの行動や動機が気に入らなくても、その裏にある論理を理解することはできる。彼を罵倒するよりも、彼らを理解することが大事だ。これは非常に重要だ。なぜなら、〝人類の生き残り〟が懸かっているのだから」と唱えていたのである(『誰が世界を支配しているのか?』)。

しかも、大規模な戦闘行為は、ウクライナだけではなく、パレスチナにおいても始まってしまった。それどころか世界の至るところで残虐な戦闘行為が現に生じ、しかも拡散しようとしている。

「生」は偶然だが、「死」は必然である

私たちは「根源的危機の時代」に生きている。もちろん、根源的危機とは人類が絶滅しかねない危機という意味である。しかし、同語反復のようにはなるけれども、それは選択の失敗が許されない危機という意味でもある。

「危機」とは「危うく、変化すること」であり、肯定的解決か破局かの岐《わか》れ路《みち》を意味する。岐れ路で選択する路を誤っても、軌道修正を図ればよいはずである。ところが、ひとたび選択の路を誤ると、やり直しの利かない岐れ路がある。それが根源的危機である。

私たちはこの「根源的危機の時代」に、誤った路をすでに選択してしまったのかもしれない。そうだとしても、「もしも明日、この世が終ろうとも、人間は明日のために生きなければならない」という至言を忘れてはならない。

人間は、「生」は偶然であるけれども、「死」は必然であることを自覚している奇態《きたい》な存在である。それ故にスウェーデンの植物学者カール・フォン・リンネ(Carl von Linné)は、賢明にも人間の学名を「ホモ・サピエンス(知恵ある人)」と名付けたのである。

人間は「死」が必然であったとしても、というよりも「死」が必然であるが故に、「明日のため」に「生」を意欲する。それはたった一度のかけがえのない自己の「生」の意味を、「死」の瞬間まで充実させようとするからである。

人間は個人的存在だけではなく、人類という存在としても、「生」は偶然であり、「死」は必然であることを自覚している。絶滅の危機について指摘されなくとも、人類はいずれ存在しなくなることは、誰でも認識している。「始まり」のあるものには、必ず「終わり」があり、永遠に存在するのであれば、「始まり」はないはずだからである。

しかし、「死」が必然であるが故に、個人的存在としての人間が「明日のため」に生きるのであれば、絶滅が必然だとしても、人間は人類という存在としても「明日のため」に生きなければならないはずである。そうだとすれば、個人的存在としての人間が、自己の存在意義を「死」の瞬間まで求め続けて、「死」を乗り越えようとするように、人類としての人間は、この水色の惑星でどのように存在してきたのかという意味を未来に求めて、人類絶滅の危機を乗り越えていく必要がある。

内在的危機と外在的危機

根源的危機を乗り越える「未来へのシナリオ」を描くには、その根源的危機の正体を整理しておく必要がある。人間の社会を襲う危機には、内在的危機と外在的危機があると弁別できる。

内在的危機とは人間の社会が創造主である危機、つまり人間の社会が創り出した危機である。恐慌や大不況という経済的危機や、戦争という社会的・政治的危機が内在的危機である。これに対して外在的危機とは、人間の社会が創造主ではない危機、つまり人間の社会が創り出したのではない、人間の社会を取り巻く自然が創り出した危機である。火山の噴火、地震・津波、暴風雨などの自然現象による人間の社会の危機が、外在的危機である。もちろん、パンデミックも自然現象による外在的危機である。

人間の社会が創造主である内在的危機は、人間の社会を改革することで解決可能である。なぜなら人間の社会が創り出した危機なので、人間の社会を改めれば、克服できるはずである。

ところが、自然現象がもたらす外在的危機については、人間の社会を改革したところで解決可能というわけではない。外在的危機は人間の社会が創造主ではないからである。自然現象の変動である外在的危機に対しては、人間の社会は自然現象の変動に適応していくしか術《すべ》がない。

人間の社会を現在襲っている危機は、生命体としての人間を育む自然現象の変動によって生じている外在的危機である。しかも、この外在的危機は、人間の生存を困難にするような根源的危機となっている。ところが、こうした人類絶滅をもたらすような自然現象の変動は、人間の社会が創造主であることが明らかになってきている。つまり、現在生じている根源的危機は、外在的危機の内在的危機化として生じているのである。

地球上の生命体は、太陽の内部での核反応によって生ずる「質」の高い太陽エネルギーによって生存している。エネルギーには「量」と「質」がある。熱力学の第一法則では、エネルギーの「量」は一定で、発生させることも、消費させることもできないとされている。さらに第二法則では、エネルギーの「質」であるエクセルギーの「差異」は、高位から低位への絶えざる均衡化運動によって解消されることになるとされている(前掲『視点をかえて』第2章)。

太陽エネルギーは葉緑素をもつ植物によって捉えられ、生命体にエネルギーの「質」としてのエクセルギーが蓄積される。人間を含めて地球上の生命体は、緑色植物が蓄積したエクセルギーを分かち合って生命を維持している。

光合成に使用される太陽エネルギーは、地球に到達するそれの一万分のいくつかとされるほどの微量である。大部分の太陽エネルギーは空気の流れと、水の流れを創り出す。つまり、気候を生じさせる。ところが、人間はその気候を生命体が存続不可能な方向へと変動させ始めたのである。

人間は気候変動ばかりでなく、生命体に必要な水も緑も消滅させている。黄河やミシシッピ川といった大河も断流を起こし、地下水がいたるところで枯渇している(月尾嘉男『縮小文明の展望』第5章)。ただでさえ縮小している森林は、気候変動の影響で火災を起こして、さらに消滅している。しかも、生物そのものが、人間の営為によって暴力的な速度で絶滅している。そのため、人間も絶滅の危機に瀕するという、根源的危機に陥ったのである。

二つの環境破壊

このように現在の根源的危機は、人間の社会が適応していくしかない外在的危機が、人間の社会が創り出す内在的危機となることで生じている。つまり、外在的危機の内在的危機化によって根源的危機が生み出されている。

そうだとすれば、人間の社会を改革して内在的危機をなくすことによって、少なくともこれ以上、外在的危機が深刻化するのを回避することは可能なはずであるが、現実には、それは見果てぬ夢となっている。それだからこそ、現在の危機は根源的危機となっているといってもいいすぎではない。

というのも、二つの環境破壊が進行してしまったからである。もう一度、スウェーデンの教科書『視点をかえて』に書かれている、私たちは「強盗文化」の時代に生きている、という正鵠《せいこく》を得た指摘を反芻《はんすう》しておきたい。そこでは「強盗文化」の時代は、「人間と自然とを貪り食う」時代だとされている。つまり、現在は人間の生存に必要な自然環境を貪り食うだけではなく、厳しい自然のなかで、人間が生存していくのに必要な人間と人間との絆である人的環境、あるいは社会環境をも貪り食う「強盗文化」の時代なのである。

もちろん、外在的危機は自然環境の破壊によって生じている。そうした自然環境の破壊が人間の社会によって創り出されているとすると、人間の社会が協力して破壊行為を抑止することが可能である。しかし、それには協力して行動するための人間の絆という社会環境が必要となる。ところが、そうした社会環境は「強盗文化」によって貪り食われ、競争原理が社会行動の支配的な原理となってしまっている。

いまや国民国家が競争している場合ではない。国民国家が協力して地球環境問題に対処しなければ、たとえ一国が競争に勝利したところで、人類が絶滅しかねないので、その勝利は意味がなくなる。そうした危機意識は広く共有されている。ところが、人間の絆である社会環境が破壊され、競争原理が支配的な社会行動原理となっていると、国民国家間での協力は夢物語となってしまうのである。

さらには、社会環境の破壊によって、経済的危機、社会的・政治的危機という内在的危機も暴発してしまっている。つまり、現在の「根源的危機の時代」には、内在的危機化した外在的危機に加え、さらなる内在的危機が混在して噴出する混合危機が発生している。パンデミックは自然環境がもたらす外在的危機だと先には指摘した。しかし、コロナ・パンデミックをみれば、明らかに外在的危機と内在的危機が混在していることがわかる。すでに指摘したように、戦争は内在的危機であるが、それは破滅的な外在的危機をももたらす。このように内在的危機と外在的危機が有機的に関連しながら、混合危機という根源的危機をもたらしているのである。

所有欲求か存在欲求か

人間は自然環境と社会環境を破壊する「強盗文化」を花開かせ、外在的危機と内在的危機が絡み合う混合危機を暴発させている。このまま「強盗文化」の向かっている社会目標を修正しなければ、人間は地球とともにした旅路を終え、絶滅してしまうと『視点をかえて』は警告している。

このスウェーデンの教科書では、「強盗文化」を「あらゆるものを、欲望のおもむくままに自分のものにしてしまう傾向が支配的な文化」と定義している。「自分のものにしたい」という欲求、つまり外在するものを所有したいという欲求は、「所有(having)欲求」と呼ばれている。「強盗文化」は所有欲求を、欲望のままに解き放った文化なのである。

人間の欲求には、所有欲求と「存在(being)欲求」がある。このようにローマ法皇ヨハネ・パウロII世も、『自由からの逃走』で名高い社会心理学者エーリッヒ・フロム(Erich Fromm)も指摘している。

存在欲求とは、他者と調和した存在でありたいという欲求である。人間と人間との関係だけではなく、自然との関係でも、自然と調和したいという欲求が存在欲求である。

存在欲求における「調和したい」という欲求は、「愛し合いたい」という欲求だといってもよい。所有欲求が充足されると、人間は豊かさを実感する。存在欲求が充足されると、人間は「幸福(well-being)」を実感するのである。

工業社会とは、存在欲求を犠牲にして、所有欲求を追求した社会である。それは人間の歴史に忌まわしく纏《まと》わりついていた、基礎的ニーズが充足できない欠乏という状態を解消したいがためである。

ニーズとは生存するのに必要なものが欠けている状態をいう。したがって、ニーズが充足されれば欠乏は解消する。病気を治癒するニーズのために、抗生物質を服用して、病気の治癒というニーズが充足されたのちも、富にまかせて抗生物質を飲みまくるということはない。しかし、ニーズを超える欲求である欲望は無限に膨れ上がる。

工業社会は基礎的ニーズを充足し、欠乏を解消するために、存在欲求を犠牲にして所有欲求の追求を社会目標としてきた。だが、基礎的ニーズの充足が達成されるようになったのちには、人間の人間的な欲求である存在欲求の充足へと、社会目標を転換しなければならなかったはずである。それにもかかわらず、欲望のおもむくままに所有欲求を追求し続けたために、「強盗文化」を開花させてしまったのである。

誤ったハンドル操作による自然環境の破壊

社会目標を所有欲求の追求から、存在欲求の追求へと転換し、人間の社会が進む軌道を修正しなければならないとすれば、財政を有効に機能させる必要がある。というのも、市場社会において市場経済は、人間の社会を推進するエンジンの役割しか果たさない。市場の社会を方向づけるハンドルの役割を果たすのは、財政なのである。

タイタニック号がこのまま進路を変えなければ、氷山に衝突してしまうというような「根源的危機の時代」に、エンジンを全開させ速度を上昇させれば、破局への時間を早めるだけである。ましてや現状のように、タイタニック号の船上で「甲板の掃除をサボったのは誰だ」と、罵《のの》り合っていては間違いなく氷山に衝突する。氷山との衝突を回避するには、衆知を集めて冷静に判断して舵を切っていくしかない。そのために必要な速度は、「船が舵を切るのに必要な最低速度」である舵効《だこう》速度にすぎないのである。

財政とは、社会の構成員の共同事業を、社会の構成員の共同負担で、社会の構成員の共同意思決定にもとづいて運営される民主主義の経済である。したがって、財政を有効に機能させて、「根源的危機の時代」を乗り越えるということは、そのためのシナリオを描き、未来を決定する権限を民主主義に委ねることを意味している。

しかし現在、「根源的危機の時代」に足を踏み入れてしまったということは、財政のハンドル操作を誤ったことになる。結論めいて表現すれば、財政というハンドルから手を放し、市場経済というエンジンのアクセルを吹かしすぎてしまったから、「根源的危機の時代」に迷い込んでしまったのである。

そうなってしまうというシグナルを、すでに一九七三年の石油ショックが送っていた。序章でも触れたように、石油ショックは「黄金の三〇年」と讃えられる第二次大戦後の経済成長の終焉を告げる出来事であった。自然資源を多消費することによって大量生産・大量消費という所有欲求を追求してきた重化学工業化の限界を示していたのである。

重化学工業化の推進には自然資源の制約からも限界があるということを、石油ショックは誰の眼にも明白な事実として衝撃的に受容させていったといってよい。石油ショック後の一九七七年にアメリカの大統領に選出されたカーター(Jimmy Carter)も、「これからは化石燃料にエネルギーを依存する時代ではない。再生可能エネルギーの時代だ」と宣明して、ホワイトハウスの屋根をソーラーパネルで覆ったのである。

ところが一九八一年、カーターに次いで、新自由主義を高々と掲げるレーガン(Ronald Wilson Reagan)が、大統領に就任する。レーガンは「化石燃料の時代は終わったけれども、これからは再生可能エネルギーの時代ではなく、原子力の時代だ」と主張して、カーターの設置したホワイトハウスのソーラーパネルを撤去してしまうのである。

ローマクラブの報告書は、再生不能資源が枯渇していく恐れによる「成長の限界」を指摘していたといってよい。これに対して市場機構を絶対的に崇拝する新自由主義は、再生不能資源が枯渇しても、市場メカニズムで生じるイノベーションによって代替資源が生み出されていくため、それは容易に克服できると唱える。したがってレーガンは、化石燃料が枯渇しても、再生可能エネルギーではなく、原子力に置き換えるべきだと主張することになる。

こうして「成長の限界」が指摘されながらも、財政が市場経済に介入することなく、ひたすら経済成長を求めさえすれば、その限界を克服できるという新自由主義の教義が、覇権国アメリカから世界を闊歩《かっぽ》していくことになる。経済成長によって環境破壊が生じたとしても、経済成長を追求しさえすれば、市場メカニズムがもたらすイノベーションによって解決可能であると、新自由主義は唱える。それどころか、現在の日本でも環境問題が「成長戦略」として位置づけられてしまうように、経済成長こそが自然環境を改善すると捉えられてしまうのである。

所有欲求の充足を求めて、これ以上、自然資源を貪り食うことへの限界が警告されているにもかかわらず、成長、成長と連呼して、所有欲求の充足を追求した結果、環境問題はローマクラブさらには石油ショックが警告した再生不能資源が枯渇するという事態を超えてしまった。というのも、再生可能資源が再生不能な状態へ陥ってしまったからである。

それは自然の自己再生力を喪失するような状態に追い込んでしまったと表現してもよい。太陽エネルギーを緑色植物が捉え、生命体に蓄えられた再生可能な自然資源によって、人間の生命活動は可能になっている。そうした人間の生命活動を支える自然の自己再生力を、人間自身が大気を汚し、水を枯渇させ、緑を破壊して喪失させてしまったのである。

そのため環境問題についても、再生不能資源の枯渇問題から、再生可能資源の持続可能性の問題へと認識が変化していくようになる。というよりも、人間は自然の自己再生力を持続可能にするように行動しなければ、人間を自滅させてしまう恐れがあるとの認識が急速に広まっていく。

そのことは、国際連合が一九八四年にノルウェーの首相ブルントラント(Gro Harlem Brundtland)を委員長として設置した「環境と開発に関する世界委員会」の報告書「地球の未来を守るために」(一九八七年)に象徴的に表現されている。ローマクラブの「成長の限界」が発表された一九七二年に、スウェーデンのストックホルムで開催された国際連合の人間環境会議では、「かけがえのない地球」が議論されていた。その後の現実が、こうした議論を発展させることを求め、右の「ブルントラント報告」として結実したのである。

さらには、この「ブルントラント報告」は、一九九二年にブラジルのリオデジャネイロで開催された国際連合の会議において採択された「アジェンダ21」を経て、二〇一五年には同じく国際連合が掲げた「持続可能な開発目標(ＳＤＧｓ)」へと結びつく。こうして、深刻化する地球環境問題が広く世界で共有されることになったのである。

新自由主義の「政府縮小―市場拡大」戦略の登場

あえて繰り返すと、自然環境の破壊が深刻化し、人類が絶滅してしまうかもしれないという地球環境問題が生じたのは、自然環境の制約から経済成長の限界が認識された時に、市場経済を拡大させて、経済成長を追求すれば、「成長の限界」は克服できると考えられたからである。その主張に従えば、第二次大戦後の「黄金の三〇年」と呼ばれる経済成長は、政府が財政を通じて市場経済に介入することで実現したにもかかわらず、そうした経済成長が石油ショックを契機に停滞してしまったのは、政府が市場経済に介入しすぎたからだとなる。したがって、政府がその介入から手を引き、市場経済を拡大していけば、経済成長が実現する。そう唱えられたのである。

こうして、石油ショックで第二次大戦後の経済成長が終わりを告げると、「政府縮小―市場拡大」戦略を掲げる新自由主義の政策構想が世界史の表舞台に登場してくる。覇権国であるアメリカでレーガン政権が誕生する前年の一九八〇年、イギリスでサッチャー(Margaret Hilda Thatcher)政権が誕生し、日本ではレーガン政権に一年遅れて八二年に中曽根政権が誕生するというように、アングロ・アメリカン諸国で、新自由主義を掲げる政権が、次々に登場していくことになる。

国際秩序を掌握する覇権国の経済政策の影響は、当然ながら国際的に波及していくことになる。そのため国際的に新自由主義の経済政策の影響を受けることになる。新自由主義が市場経済を拡大する戦略を採るといっても、それは二つのルートで推進されることになる。一つは市場経済を、国境を越えて拡大していくルートである。つまり、グローバリゼーションである。もう一つは、これまで政治システムや社会システムで担われていた領域に、市場経済を拡大していくルートである。

市場経済が国境を越えて拡大するといっても、それは要素市場が国境を越えて拡大することを意味している。生産物市場であれば、一九世紀中葉から自由貿易が推進されているからである。

もっとも、要素市場のグローバリゼーションといっても、国境を越えて自由に動き回るのは資本である。石油ショックの勃発した一九七三年までは、資本統制を容認したブレトン・ウッズ体制の固定為替相場制が、どうにか維持されていた。ところが、同年、固定為替相場制が最終的に崩壊し、変動為替相場制へと移行すると、資本統制が次々と廃止され、金融自由化が推進されていく。新自由主義の推進とは、第二次大戦後の国際経済秩序であるブレトン・ウッズ体制の崩壊を背景とした資本のグローバル化であり、金融のグローバル化なのである。

こうして資本が利潤を求めて、国境を越えて自由に動き回るようになると、資本はグローバルに自然資源を貪り食うことになる。天空を飛び回る資本が舞い降りると、豊かな自然環境がたちまち破壊されてしまい、水色の惑星である地球の環境問題という外在的危機をもたらしてしまったのである。

新自由主義による社会環境の破壊

新自由主義の「政府縮小―市場拡大」戦略は、人間と自然との関係である自然環境だけではなく、人間と人間との関係である社会環境をも破壊してしまう。資本が国境を越えて、鳥の如くに飛び回るようになれば、資本は低廉《ていれん》な自然資源という原材料だけではなく、低廉な労働を求めて、賃金の低い国へとフライトする。そのため低賃金を競い合い、労働所得は低い水準に抑えられていく。もちろん、資本の動きが制御されていたブレトン・ウッズ体制のもとでは、重化学工業化による生産性の上昇とともに、賃金を引き上げていくことが、重化学工業の生産する耐久消費財の需要を創出するものとして受け入れられていたのである。

国境を越えて飛び回る資本の前に平伏するのは、低賃金を競い合う労働者だけではない。中小企業や農業という伝統部門でも、低価格を競い合い、世界を飛び回る資本に生産物を購入してもらおうとする。仕事を獲得するための競争が、世界の至るところで激化し、低い賃金でも低い価格でも耐え忍んで所得を得ようとするようになる。こうしてグローバルに格差と貧困が溢《あふ》れ出てしまうことになる。

格差や貧困が溢れ出れば、それが社会システムで営まれる人間の生活に亀裂を走らせないように、財政が所得再分配機能を発揮して、社会統合を果たしていくはずである。ところが、財政が所得再分配機能を発揮するためには、生産要素が国境を越えて自由に動き回らないことが条件となっていたが、それを可能にする国際経済秩序が崩壊してしまったのである。

そうなると、財政の所得再分配機能が有効に機能しなくなってしまう。さらにいえば、財政の所得再分配機能だけではなく、経済安定化機能も機能不全に陥ってしまう。つまり、財政が所得再分配機能と経済安定化機能を発揮して、所得保障と雇用保障をすることで、社会の構成員の生活保障をするという条件が失われたのである。

このように財政が所得再分配機能や経済安定化機能を有効に発揮する条件が喪失していることを背景にして、政府は国民の生活保障責任から手を引くべきだと、新自由主義は主張する。国内矛盾を世界輸出することが可能な覇権国アメリカでさえ、福祉国家の時代にはケネディ(John Fitzgerald Kennedy)政権もジョンソン(Lyndon Baines Johnson)政権も、「貧困との戦い」を高らかに掲げていた。しかし、新自由主義を掲げるレーガン政権は、政府は国民の生活保障を担うべきではないと唱えた。「貧困との戦いをしたために、貧しい者は怠け者になった。福祉をやると怠け者は働かずに遊ぶ。これからは貧困との戦いではない。怠け者をいかに働かせるか。つまり貧困者との戦いだ」として、貧困や欠乏の恐怖こそが、勤労意欲を高め、経済成長を実現すると主張したのである。

そうなると、財政を生活保障のために機能させずに、格差や貧困は放置されたままとなってしまう。もっとも、人間の生活が営まれている社会システムには、生活の困窮を相互に支え合う相互扶助や共同作業が機能する家族や地域社会という共同体が存在している。家族という共同体の内部では、生存に必要なニーズが充足されている。それだからこそ、労働能力のない年少者も高齢者も生存することができる。家族の内部では怠け者だというレッテルを貼って排除してしまうことがない。

新自由主義は、生活困窮者に政府が手を差し伸べなくとも、家族や地域社会の相互扶助によって生存可能だと想定している。イギリスのサッチャー首相が財政の縮小を訴える時に口にする「ビクトリアの美徳」とは、ビクトリア朝の時代に存在した家族の絆や地域社会の絆を意味していたのである。

しかし、こうした主張は、新自由主義にとって論理矛盾である。人間は協力行動を取ることのない利己的な存在だという人間観を前提にして、市場に委ねることを唱えながら、人間が協力行動を取ることを前提にして、市場の競争が成立することを唱えているからである。つまり、市場の競争に敗れても、社会システムの協力行動で救済されることを前提に、市場領域の拡大を唱えるという論理矛盾となっているのである。

とはいえ、ビクトリア朝の時代に後戻りすることはできない。市場経済は、ポランニーの表現によれば「悪魔の碾《ひ》き臼《うす》」として、家族の絆や地域社会の絆を磨《す》り潰《つぶ》していく。そうなると、社会システムの自発的生活保障機能は、急速に縮小してしまうのである。

このような社会システムの自発的生活保障機能の縮小に代替して、財政が所得再分配機能や経済安定化機能を発揮し、さらには相互扶助や共同作業を代替する公共サービスを提供する資源配分機能によって、生活保障責任を引き受けてきた。ところが、すでにみたように新自由主義は、財政が生活保障責任を放棄することを主張する。新自由主義の「政府縮小―市場拡大」戦略は、財政の所得再分配機能や経済安定化機能を抑制するだけではなく、資源配分機能の縮小をも唱えている。つまり、財政が生活保障責任を果たすことから撤退し、ひたすら市場拡大を目指すことを求めたのである。

新自由主義の目指す市場拡大のルートは、対外的にはグローバリゼーションであり、もう一つの市場拡大のルートが、「規制緩和と民営化」という対内的ルートであることは前述のとおりである。規制緩和は社会システムで自発的協力で営まれている領域や、政治システムで強制的協力によって営まれている領域に、市場経済の競争原理が進出することに対して課される規制を緩和することだといってよい。民営化とは、政治システムが強制的協力にもとづいて運営する公営企業を、市場経済という競争の領域で利潤を追求する民間企業に委ねることにほかならない。それは「連帯」と「協力」という人間関係が、「対立」と「競争」という人間関係へと置き換えられていることをも意味している。

こうして新自由主義の「政府縮小―市場拡大」戦略は、人間と人間との「連帯」や「協力」という絆が分断されていくという不安感を高めることになる。しかも、「対立」と「競争」を煽り、格差と貧困が溢れ出ることを放置すると、憎悪と暴力が吹き出してしまう。異常な犯罪や薬物依存などの社会的病理現象も蔓延《まんえん》する。そうなると、社会システムにおける人間と人間との関係である社会環境を守ろうとするソーシャル・プロテクション（social protection）の動きが生じることになる。

共同体の崩壊と原理主義の台頭

社会環境が崩されているという不安感は、伝統的な共同体への純粋な憧憬《しょうけい》を呼び覚ます。しかも、それは暴力的にでも伝統的な共同体を防衛し、復活させようとする社会的反動を生起させてしまう。

現在、世界を恐怖させているテロや地域紛争は、グローバリゼーションによって画一的生活様式を強制され、このままでは伝統的な共同体が崩壊してしまうことを防ごうとする社会的反動だといってもよい。イスラム武装勢力は崩れゆくイスラムの伝統的共同体を防衛するために武器を取れと叫ぶのである。

社会環境が崩されていくことへの不安感は、宗教的原理主義を燃え上がらせただけではない。国家的原理主義をも台頭させる。イギリスのＥＵ離脱(二〇二〇年)、いわゆるブレグジットも、すでに崩れつつあるイギリスの共同体が、ＥＵに残留すれば、このまま崩壊してしまうという恐怖心が推進力になっている。アメリカでトランプ(Donald John Trump)大統領が実現していった推進力も、移民の流入によって伝統的共同体が瓦解するということへの恐怖心であることには間違いない。

そうだとすれば、新自由主義の「政府縮小—市場拡大」戦略によって社会環境が破壊されていったことが、宗教的原理主義や国家的原理主義を燃え上がらせ、世界中に憎悪と暴力を溢れ出させたということができる。皮肉なことにグローバリゼーションを推進し、新自由主義の旗を振ったイギリスとアメリカで、グローバリゼーションへの反動が巻き起こっている。それは何よりも、新自由主義の「政府縮小—市場拡大」戦略が社会環境を崩壊させていった悲劇を雄弁に物語っているのである。

地域社会の変容

自然環境には地域ごとに特色のある「顔」がある。人間は地域ごとに特色のある自然環境に働きかけ、人間の生存に必要な有用物を取り出し、地域の特色ある自然環境に適応した生活様式をつくりながら社会環境を形成して生存している。そこでは人間の生活に合わせるように、自然を変形して破壊することはない。それは人間の生存の否定を意味するからである。

地域の自然環境は、地域社会の生活様式である社会環境を支えるために自然資源を提供してきた。ところが、グローバルに資本が飛び回るようになると、地域社会の自然環境を管理する権利を、地域社会の住民ではなく、グローバルに飛び回る資本が握ってしまう。

地域社会の自然環境に直接触れることのない資本が、地域社会の自然資源を利用する権利をもてば、結果は目にみえている。地域社会が自然環境に適応しようがしまいが、グローバル市場が要求する原材料を調達する基地として位置づけられてしまう。そうなると、地域社会の自然環境は変形され破壊されて、さらには社会環境も破壊されていくことになる。

逆にいうと、地域ごとの自然に適応した、地域に固有の生活様式が成立していることは、市場のグローバル化にとって最大の障害物となる。グローバル化した市場は、画一化した生活様式を要請し、同質で大規模な需要を創出しようとする。そのため地域の自然環境に調和するために形成された地域社会の共同体的人間関係が破壊され、同様に生活様式としての社会環境も解体されていくことになる。

このように要素市場が制御されることなく、グローバル化すると、人間と人間との調和した関係を破壊して、内在的危機を生じさせるだけではなく、人間の社会と自然環境との調和を破壊して、外在的危機をもたらしていく。こうして人間は、内在的危機と外在的危機が絡み合いながら存在する混合危機に喘《あえ》ぐ「根源的危機の時代」に足を踏み入れてしまったのである。

第2章

機能不全に陥る日本の財政

——コロナ・パンデミックが浮き彫りにした問題

転換期に繰り返されてきたパンデミック

歴史の女神は悪戯《いたずら》が好きである。不思議なことに歴史的大転換期の「危機の時代」には、必ずといってよいほど、パンデミックを重ね書きするように演出する。一四世紀半ばの農業社会から工業社会への転換期で、「封建時代の全般的危機」と呼ばれた画期には、「黒死病」つまりペストのパンデミックに襲われている。

二〇世紀初頭の軽工業を基軸とした工業社会から重化学工業を基軸とした工業社会への転換期には、「スペイン風邪」のパンデミックが襲う。「スペイン風邪」のパンデミックは、第一次大戦期の一九一八年に発生し、翌一九年までの死者は、第一次大戦と第二次大戦のそれぞれの死者数に匹敵するほどだった。「スペイン風邪」は三次にわたって流行し、その死者数は最終的には五〇〇〇万人にも上っている。

このように「スペイン風邪」のパンデミックは、おびただしい死者を出したけれども、人間の社会に与えた構造変化という点では、第一次大戦や第二次大戦、さらには戦間期に生じた世界恐慌のほうが、圧倒的にインパクトが大きい。もちろん、それは戦争や恐慌が人間の社会の創り出した内在的危機であるのに対して、パンデミックは人間の社会が適応していくしかない外在的危機だからである。

ところが、リーマン・ショックが生じる二〇〇八年頃から、新たな感染症がそれも動物原性感染症が次々と発生してくる。もちろん、人間による自然環境破壊が深刻化したからである。二〇〇二年にはコロナ・ウイルスによるSARS（重症急性呼吸器症候群）が発生する。SARSは地域的流行であるエピデミックが、パンデミックに転化しそうになったところで抑えられている。しかし、二〇〇四年に鳥インフルエンザが、二〇〇九年には豚インフルエンザが発生していく。

二〇一二年にはコロナ・ウイルスによるMERS（中東呼吸器症候群）が発生する。とはいえ、MERSもパンデミックに至る前で抑えられ、死者数も九〇〇人程度と推定されるにとどまっていた。さらに二〇一三年にエボラ出血熱が、二〇一四年にはジカウイルス感染症が発生している。こうした状況を考えれば、二〇二〇年に新型コロナ・ウイルス感染症がパンデミックとなって流行したことは、予想だにしなかった出来事ではなく、生起して当然の出来事だったのである。

このように二一世紀に足を踏み入れてから、新しき感染症が次々と登場してくるのは、新自由主義の「政府縮小—市場拡大」戦略がリーマン・ショックという内在的危機をもたらしてから も、自然環境の破壊を激化させてしまったことを意味する。

リーマン・ショックによる経済システムの危機は、社会システムの危機をもたらし、憎悪と対立によって地域紛争が至るところで巻き起こる。こうした地域紛争は自然環境を破壊し、逆に自然環境の破壊が地域紛争を招くという悪循環が形成されてしまう。動物原性感染症もこうした紛争地域から生み出されてくる。

地域紛争をもたらしながら、リーマン・ショックは「西欧の没落」とともに、中国・インドというアジアの台頭を生じさせ、新たな東西対立が形成される。覇権国アメリカに挑む中国は、三蔵《さんぞう》法師が唱えた「不東」(西域《せいいき》への旅に出た三蔵法師が、インドで経典を手に入れるまで東方、すなわち中国には戻らないという決意を示した言葉)の教えに従い、陸路と海路で東から西へと進む「一帯一路」の世界戦略を打ち立てる。中国の武漢で発生した新型コロナ・ウイルス感染症は、まさに「一帯一路」のルートに乗って世界に拡散していくことになる。

このようにパンデミックは歴史上繰り返されてきており、今日の新型コロナ・パンデミックは、私たちが「根源的危機の時代」に足を踏み入れていることを告げているのである。

コロナ・パンデミックへの財政動員

コロナ・パンデミックの対応を市場経済に委ねるべきだという声は鳴りをひそめる。市場経済への信頼は、リーマン・ショックという世界金融恐慌で地に堕ちている。新自由主義は民主主義による財政の介入を縮小させ、金融を緩和し続けよと主張してきた。にもかかわらず、リーマン・ショックという金融恐慌からの救済は財政動員に頼らざるをえなかった。それどころか規制を緩和し、市場の領域を拡大せよと唱えていた新自由主義者が、新型コロナ・ウイルス感染症が発生するや、一転して規制を強化し、市場経済にブレーキをかけよと叫び始めたのである。

市場経済にブレーキをかけ、市場経済の活動を圧縮しなければ、コロナ・パンデミックという外在的危機が勢いを増し、人間の社会が破滅しかねないというコンセンサスが瞬くうちに世界に伝播《でんぱ》した。二〇二〇年の年明けとともに、人類に大量の死をもたらす恐れのある新型コロナ・ウイルス感染症という未知の病が確認されると、ただちに多くの国々で感染拡大を阻止する公衆衛生上の措置が採られている。

しかし、極めて早い速度でパンデミック化した新型コロナ・ウイルス感染症は、公衆衛生的対応では封じ込めることが不可能で、二〇二〇年一月の後半には中国政府が、経済活動にも社会活動にもブレーキをかけるロック・ダウン(住民に対する外出・移動などの制限)に踏み切っていく。

新型コロナ・ウイルス感染症は、グローバル化した交易ルート、それも中国の「一帯一路」に乗って、野火の如くに燃え広がる。一帯一路はイタリア半島を駆け上り、オランダへと向うが、冬のスポーツでヨーロッパ中から観光客が集まるアルプスが感染の温床となる。二月下旬の「スポーツ休暇」で多くのスウェーデン人が同地を訪れ、三月に帰国するとスウェーデンで感染が爆発してしまったのである。

三月上旬にイタリアが北部地方のロック・ダウンを断行すると、ドミノ倒しのように次から次へとロック・ダウンが世界中へと拡散していく。こうして財政が本格的にコロナ・パンデミックという外在的危機への対応に動員されていくことになる。

コロナ・パンデミックへの財政の動員は、大きく二つの範疇《はんちゅう》に区分することができる。一つは、経済システムや社会システムに「規制・統制」を加えることであり、もう一つは、経済システムや社会システムに対して、現金給付や現物（サービス）給付といった公共サービスを提供することである。もちろん、検査をはじめとする公衆衛生措置も、政治システムによる財政を通じた公共サービスの提供という対応である。

しかし、コロナ・パンデミックでは、感染速度の速さと、死亡率の高さから、財政動員はロック・ダウンと表現される「規制・統制」が逸早《いちはや》く基軸となっていく。「規制・統制」は財政によって保持されている政治システムの強制力で、経済システムや社会システムの活動に「規制・統制」を加えることである。こうして休業や休校、外出禁止などと、経済活動や社会活動に権力的「規制・統制」が加えられていったのである。

日本型コロナ・パンデミック対応の問題

経済システムの危機脱出と社会統合を、二〇二〇年に予定されていた東京オリンピック開催に賭けていた日本にとって、コロナ・パンデミックは目を背けたい現実だった。とはいえ、自粛の要請という、強制力を背後に控えさせた「日本版ロック・ダウン」に踏み切っていく。

経済システムや社会システムの自発的な活動を、強制力を行使して「規制・統制」することは、反発を招いて、かえって社会統合が困難になってしまう恐れがある。したがって、こうした「規制・統制」は、経済システムや社会システムで行われる行為のうち、人間の生命が危殆《きたい》に瀕するような麻薬の使用や危険物質の排出などの行為を権力的に禁止したり、非常事態において経済システムや社会システムに対して、全般的に「規制・統制」を加える戒厳などの場合に限られる。

もちろん、そうした戒厳令的「規制・統制」は非常時といえども長期にわたれば、かえって暴動が生じるような事態に陥るので、期間が限定される。コロナ・パンデミックではロック・ダウンという戒厳令的「規制・統制」が雪崩《なだれ》を打って実施されたが、それは長くても数カ月が限度だと考えられていたのである。

公衆衛生といった公共サービスの提供では、激しい感染拡大を阻止できないとみると、経済システムや社会システムの活動に政治システムが急ブレーキをかけ、人間と人間との接触を遮断する「規制・統制」に踏み切っていく。もっとも、その継続には限界があるというだけではなく、それは感染拡大を阻止するという対策でしかない。

感染症を制圧する基本戦略は、当然のことではあるけれども、感染者に適切な治療という医療サービスを提供することにある。つまり、コロナ・パンデミックへの財政動員の基本戦略は、新型コロナ・ウイルス感染症を治療する医療サービスの提供体制を完備することにあるはずである。もっとも、新型コロナ・ウイルス感染症は人類にとって未知の病である。しかも、ワクチンを開発することが精一杯で、本書の執筆時点でも治療方法は確立されていない。そのため感染拡大阻止に焦点を絞った「規制・統制」に、コロナ・パンデミック対応の重点が置かれたのも首肯《しゅこう》できないわけではない。

とはいえ、発熱して呼吸困難となり、重症化した感染者には、ECMO(エクモ：人工肺とポンプを用いた体外循環による治療)やICU(集中治療室)などの設備を備えた病院に入院させ、対症療法にせよ医療サービスを提供しなければならない。ところが、日本ではコロナ・パンデミックに襲われると、医療サービスを提供しなければならない感染者に、それが提供できないという危機的状態に陥ってしまう。そのため医療提供体制が崩壊寸前の危機的状態に陥っていることが、繰り返し連呼されることになる。

こうした医療崩壊の危機を回避するためには、感染者の増加を防ぐ必要があり、経済活動や社会活動を抑えなければならないことが主張される。と同時に「規制・統制」を受け入れて、自粛をすることを求める要請が声高に唱えられていくのである。

医療費抑制圧力の悲劇

このようにコロナ・パンデミックへの財政動員では「規制・統制」とともに、医療サービスという公共サービスを提供することが求められる。ところが、日本では医療提供体制の脆弱性《ぜいじゃくせい》がネックとなって、財政支出を増加させたところで、医療サービスを提供できないという事態に陥ってしまったのである。

もちろん、こうした事態に陥ったのは、コロナ・パンデミック以前から病床を削減せよといった、医療提供体制の圧縮が強力に推進されたからである。すなわち日本では、新自由主義の「政府縮小―市場拡大」戦略が強力に進められ、財政縮小の焦点も社会保障関係費の圧縮に絞られていた。というのも、福祉国家を根源的に批判する新自由主義の政策では、第二次大戦後の福祉国家で社会保障を充実させたことが、労働意欲を喪失させ、経済停滞をもたらしたと考えているからである。

しかし、社会保障関係費は経費増加への圧力も強く、削減することは極めて困難である。先進諸国わけても日本は、人口構造の高齢化が著しいからである。指摘するまでもなく、人口の高齢化は年金と医療への経費を増加させる。

もっとも、感染症に対する医療提供体制という観点からすれば、高齢化が進むと、感染症に対する医療提供へのニーズが弱まることを指摘しておく必要がある。それは高齢化とともに、先進諸国の医療の取り組む課題が、感染症ではなく、心臓疾患、癌、糖尿病、呼吸器疾患、さらにはうつ病、認知症などと、非感染症に移っていくからである。しかも、一九八〇年に天然痘の根絶宣言が発せられると、感染症は貧困諸国での医療問題という認識すら広まっていく。

そうなると、高齢化にともない非感染症に対処する医療費が増加していくことが避けがたい。そのため、医療費抑制の圧力は、発生する可能性が低いが、発生すれば大規模な医療資源を動員せざるをえないパンデミックへの備えを軽視する傾向を強めることになる。しかし実際には、深刻化した自然破壊によって、グローバリゼーションとともにパンデミックが発生する可能性が高まっていたことは、すでに述べたとおりである。こうしてコロナ・パンデミックに襲われた時には、日本の感染症に対する医療提供体制は、極めて脆弱となっていたのである。

ただし、医療サービスは公共サービスとして政府の責任のもとに提供しなければならないわけではない。というのも、医療サービスは個人に割り当て可能だからである。防衛や司法、警察などの秩序維持サービスや、純粋な公共財と表現される公共サービスは、個々人に割り当てることが不可能である。そうした公共サービスは、価格を設定して市場経済を通じて、供給することはできない。ところが、医療サービスは割り当て可能な対人社会サービスである。したがって、医療サービスに価格を設定して、医療サービスの受給者からそれを徴収することができる。つまり、医療サービスは、市場経済を通じて提供することも可能なのである。

もちろん、医療サービスを公共サービスとして提供するのであれば、医療サービスは必要に応じて、つまりニーズに応じて配分される。スウェーデンやデンマークなどのスカンジナビア諸国では、医療サービスは公共サービスとして租税を財源にして提供されている。イギリスも「ベバリッジ報告」(イギリスの経済学者ウィリアム・ヘンリー・ベバリッジ(William Henry Beveridge)がとりまとめ、一九四二年に発表したイギリスの社会保険制度に関する報告書「社会保険および関連サービス」)にもとづいて、医療サービスは租税を財源とする公共サービスとして提供されている。

しかし、医療サービスに価格をつけて、市場経済によって提供し、購買力に応じて分配することもできる。もちろん、医療サービスを公共サービスとして提供しなければ、購買力のある富者には多く分配されるが、購買力のない貧者には分配されないという事態となってしまう。

なぜ「医療崩壊」を招いたのか

医療サービスの提供を市場経済に委ねるのではなく、政府が責任と権限を握り、公共サービビスとして提供しているのであれば、政府が財政を動員して医療提供体制を拡充して、コロナ・パンデミックを制圧するために、医療サービスの提供を強化していけばよい。「国家管理」資本主義とさえ呼称されている中国では、人民軍を動員して、武漢などの感染地域に瞬くうちに感染者を収容する病院を建設していく。スウェーデンでは、医療サービスは広域自治体が公共サービスとして責任をもって提供する。というよりも、日本でいえば道府県にあたる広域自治体の事務つまり仕事は、スウェーデンでは、医療サービスの提供しかないといってもいいすぎではない。ちなみにスウェーデンの、日本でいえば市区町村にあたる基礎自治体の主要な事務つまり仕事は、教育サービスの提供と福祉サービスの提供である。

スウェーデンでは、コロナ・パンデミックが生じるや、未知の感染症に対応するため、医療機関にICUなどの医療設備や機器を増強し、整備していく。さらにそれにとどまらず、国防軍を動員して、ICUを備えた野外病院を建設し、医療提供体制を急速に拡充したのである。

日本でもコロナ・パンデミックを制圧するために、ECMOやICUを拡充して、医療提供体制を拡充することが目指されてもよいように思われる。しかし、日本ではそうした試みを実施しても、ECMOなどを操作でき、感染症に対処できる医師を含む医療スタッフは限られている。しかも、そうしたスタッフはすでに、日夜をわかたず活動して疲弊している。そのため物的な医療設備を増強しても、動員できる医療サービスが増加するわけではないと唱えられたのである。

日本は財政支出を抑制するために、とりわけ公立病院の病床数を削減してきた。それでも日本の人口当たりの病床数は、国際的にみると高い（**表2–1**）。しかも、人口当たりのＩＣＵなどの設備を備えた病床数も、アメリカやドイツには及ばないものの、イタリア、フランス、イギリスなどよりは多い。それにもかかわらず、コロナ・パンデミックに襲われると、アメリカやヨーロッパよりも感染者数が圧倒的に少ないのに、医療提供体制は「医療崩壊」の危機に陥ってしまうのである。

表 2–1　病床数の国際比較

	病床数（＊1）	人口1,000人当たり病床数（＊2）	人口10万人当たりICUなど病床数（＊3）
日本	1,641,407	13.0	13.5
ドイツ	661,448	8.0	29.2
イタリア	189,753	3.1	12.5
フランス	395,670	5.9	11.6
イギリス	163,873	2.5	6.6
アメリカ	931,203	2.9	34.7

注：＊1と＊2の，ドイツ，アメリカは2017年，日本，イタリア，フランスは2018年，イギリスは2019年の数値。＊3は2018年の数値．
出所：鳥集徹『コロナ自粛の大罪』．OECD, ‘Health Statistics 2020’．厚生労働省医政局「ICU等の病床に関する国際比較について」(2020年5月6日)．

日本では誰もが認識しているように、医療現場の労働実態は過酷である。二交替や三交替といった交替勤務制を徹底させる必要さえあると思われる。医師も医療スタッフも極度の要員不足状態にあるにもかかわらず、新自由主義的な経済思想にもとづいて、「無駄を省け」とのかけ声のもとに余裕率を考慮しない徹底した人員削減を強行してきたのである。

中国で瞬時に病院を建設しても、感染症に対応できる医療スタッフという人的資源が存在しなければ、医療サービスを増強してコロナ・パンデミックに対応できないはずである。中国は全国から医療スタッフを徴用して、感染地域に投入したといわれている。もちろん、それも医療スタッフの要員に、ゆとりがあって初めて実現可能な施策である。

ハンドルに「遊び」があるように、人間の社会にも「遊び」が必要である。目先の利益に目が眩《くら》み、「遊び」のない社会を創ってしまうと、思わぬ事態が生じた時に適応する余力を喪失してしまう。日本の医療提供体制は、危機に対応する余力を失った脆弱な体制となっていたのである。

費用保障としての医療保険

医療提供体制が危機に遭遇して、緩急自在に適応できるか否かの柔軟性は、医療サービスが財政を通じた公共サービスとして提供されているか否かにかかっている。もちろん、公共サービスとして提供されていれば、危機への適応力は高く、市場経済による市場原理で提供されていれば、危機への適応力は弱いということになる。

日本では、医療サービスが公共サービスとして、必要に応じて提供されているわけではない。

医療サービスは市場経済を通じて、市場原理の対価原則にもとづいて提供されている。もっとも、医療サービスの取り引きが実施される医療市場には、政府が価格統制を加えている。しかし、価格統制によって価格を抑えると、必要な供給量を確保できなくなる恐れがある。

人間の生と死にかかわる医療サービスが供給不足を起こせば、社会システムで営まれる人間の生命活動は混乱状態に陥ってしまう。もちろん、社会システムが混乱状態に陥れば、社会統合が困難になるため、政治システムは財政資金を投入して供給不足を回避すべく、社会保険によって費用保障を行うことになる。

このように日本では医療サービスは、市場経済によって提供されると同時に、その市場価格は、政府によって統制されている。しかも、医療サービスの価格の一定割合を、社会保険によって費用保障しているのである。

社会保険には所得保障の社会保険と、費用保障の社会保険とがある。所得保障の社会保険とは、失業や高齢退職などの正当な理由で賃金所得を喪失した時に、賃金代替として所得保障のために給付されるものである。日本では失業保険や年金などの社会保険が、これにあたる。

もう一つの費用保障の社会保険とは、市場経済を通じて提供される財・サービスの価格の費用の一定割合を政府が財政を通じて保障するものである。医療サービスでいえば、医療サービスの価格の一定割合を、その医療サービスを購入した患者が「本人負担分」として支払う。価格のうち「本人負担分」を差し引いた残りが、医療保険という社会保険で保障されることになる。日本では医療保険や介護保険などが、費用保障の社会保険となる。

公的医療機関の少ない日本

医療サービスは、公共サービスとして提供されている場合には、公務員である医師や医療スタッフによって生産され、社会の構成員の必要、つまりニーズに応じて提供されることになる。もちろん、医療サービスの生産・提供に要する費用は、租税で賄われる。前述したように、スウェーデンでは医療サービスの提供は、広域自治体の事務となっており、広域自治体の主要な任務は、地域住民の健康を管理し、適切な医療サービスを生産し、提供することにある。医師も医療スタッフも地方公務員であるし、財源も地方税、日本でいえば道府県税で賄われる。

ところが、これもすでに指摘したように、日本では市場経済によって医療サービスは提供される。医療サービスを供給する主体は、国立や公立の医療機関もないわけではないが、あくまでも民間医療機関である。

医療サービスを公共部門で社会の共同事業として担うか、民間部門が担うかによって、コロナ・パンデミックへの対応に決定的な相違が出てくる。医療サービスを社会の共同事業として生産・提供する場合には、コロナ・パンデミックに対応しそれを制圧するために、医療資源を可能な限り動員しようとする。スウェーデンではＩＣＵの設置を増強するとともに、国防軍がＩＣＵを備えた野外病院を建設していったことは、すでに述べたとおりである。そうした物的な整備を進めるとともに、広域自治体は、既存の医療提供組織をコロナ・パンデミックの対応に整合するように、医療機関の応急的な再編成を機動的に実行していく。

これまでの診療科別の組織を越えて、新型コロナ・ウイルス感染症に対応するための小集団の医療チームを組織する。この医療チームのリーダーには、感染症の専門医を配置する。しかし、リーダー以外は専門を問わずに、診療科を越えて、医師や医療スタッフが集められる。そもそも医師は、軍医でなくとも、専門医である前に、医療のジェネラリストであるはずである。様々な医療機器も、医師になるための研修過程で操作を経験したはずである。そのためリーダーである感染症専門医が適切に指導すれば、コロナ・パンデミック対応の医療チームは有効に機能していく。

もちろん、医療機関は新型コロナ・ウイルス感染症だけではなく、あらゆる疾病に対処しなければならず、緊急に実施が必要な手術もある。とはいえ、待機させてもよい手術もある。そうした場合には、社会の共同事業として医療サービスの生産・提供が実施されているのであれば、次の三者に説明責任を果たして待機してもらうことになる。つまり、家族を含む当事者、それに医療の専門家、さらに社会の構成員に対してである。

ところが、日本で機動的に医療組織を編成替えすることは不可能に近い。市場経済を通じて医療サービスが提供されているので、医療機関の八割が民間医療機関であり、公的医療機関はわずか二割にすぎない。スウェーデンのように医療サービスが公共サービスとして提供されていれば、広域自治体が意思決定をすると、業務命令によって機動的に編成替えをすることになる。しかし日本では、医療機関の八割にもおよぶ民間医療機関に対して、政府は業務命令を出せず、要請しかできないからである。

コロナ・パンデミックにおける日本の医療崩壊の背景には、本来、公共サービスとして提供されるべき医療という対人社会サービスを、価格統制と費用保障を加えることで、市場経済を通じて提供していることがある。すなわち、そうした体制のもとで、危機に襲われた際に、社会統合を図ることの限界が露呈したものということができる。

浮き彫りになった日本財政の無責任性

対人社会サービスを公共サービスとして提供するよりも、民間に提供させて、価格統制や費用保障を加えたほうが、財政支出からみると、「安あがり」だと考えられてしまう。しかし、それは社会の構成員に対する財政の生活保障責任、というよりも生命保障責任の回避にすぎない。そのことは危機に直面した時に明らかとなる。コロナ・パンデミックはそうした財政の無責任性を明らかにしたのである。

社会権の思想の洗礼を受けている現代では、人間の生活を保障する責任を放棄する政府は、社会統合を果たして統治することはできない。コロナ・パンデミックは外在的危機であって、政府には責任がないと強弁するわけにはいかない。社会の構成員の生命を保障する医療サービスの提供に政府が責任を担わなければ、政府は社会統合を果たすことができない。医療サービスを公共サービスとして、政府が責任をもって提供するのではなく、民間に市場経済を通して提供させる日本政府の無責任性を、コロナ・パンデミックは焙《あぶ》り出したのである。

もっとも、コロナ・パンデミックが白日のもとに晒した財政の無責任性は、医療サービスだけではない。コロナ・パンデミックによって経済活動や社会活動にブレーキがかけられると、人間が生存していくために停止させてはならない職業の存在が浮き彫りになってくる。そのためエッセンシャル・ワーカーを確保せよという悲痛な叫びが木霊《こだま》していくことになる。

人間が社会を成して生存していくために欠くことのできないエッセンシャル・ワーカーとは、対人社会サービスの生産・提供に従事する人たちだといってよい。対人社会サービスは前述のように、給付を受ける者に割り当て可能であるため、公共財と考えて公共サービスとして提供することもできるし、私的財と考えて市場によって提供することもできる。さらに公共財と私的財との中間財だと考えて、市場原理と財政原理とを混合させて提供することもできる。

対人社会サービスを政府の責任と権限のもとに、公共サービスとして提供する場合には、政府が社会の共同事業を実施するために、社会の構成員の共同負担として調達する租税によって賄われる。租税は政府が社会を統合していくための共同事業の共同負担として調達するので、市場の価格のように受給と負担が対価原則になっているわけではない。

アメリカでは、教育サービスを提供する地方自治体である教育区が、教育税を課税する。教育税は教育サービスを提供するための目的税であるが、いやしくも租税である限りは、子どものいない者も納税する。教育サービスを公共サービスとして提供するということは、社会の共同事業として、社会の構成員の共同責任で担うことを意味するからである。もちろん、子どもたちを社会の構成員として育成することを、社会の共同責任による共同事業だと考えるということは、教育サービスの受益は教育を受けた子どもだけではなく、社会全体に及ぶと認識しているからである。

子どもたちは「社会の宝物」として、子どもたちの教育に対し社会の構成員の連帯責任を認めている北欧の教育理念も、同様の教育政策思想をもつ。アメリカの教育学者ジョン・デューイ(John Dewey)の『民主主義と教育』の思想に学んでも、義務教育における「義務」とは、子どもをもつ親の「義務」というよりも、すべての社会の構成員の「義務」だと考えるべきなのである。

人間の生存に必要な対人サービス

医療、福祉、教育という対人社会サービスは一人ひとりに割り当て可能なので、市場で価格づけをして取り引きすることも可能である。そのことは、対人社会サービスを社会の構成員に対して、購買力に応じ分配することを意味する。つまり、購買力の豊かな富裕者は多く購入できるけれども、購買力の乏しい貧困者は購入することが困難となる。

ところが、対人社会サービスは、それが欠けてしまうと人間が生存できない基礎的ニーズとなっている。だからこそ人間は共同体を形成して、対人社会サービスを相互扶助や共同作業で提供し合うことによって、生命の鎖を繋いできたといってよい。

確かに市場経済では、人間の生存に必要な財・サービスは、市場原理で営まれる経済システムで生産・分配される。つまり、人間が生存するための生活は、家族や地域社会などという共同体を形成して、社会システムで営まれるが、生存のための財・サービスは経済システムの生産物市場から購入することになる。したがって、経済システムの要素市場つまり労働市場で、労働を販売して賃金という所得を稼得し、それによって財・サービスを生産物市場から購入しなければならないのである。

もちろん、社会保障が整備されている現代の市場社会では、賃金が稼得できなかったり、生存に必要な財・サービスを購入するのに充分な所得が稼得できない場合には、政府が財政を通じて、公的扶助や社会保険などの現金給付を行うことによって、所得保障がなされることになっている。しかし、賃金所得と社会保障の現金給付で所得保障がなされたとしても、生存するための生活が可能になるわけではない。共同体が相互扶助や共同作業で提供する対人社会サービスが必要となる。

誕生して間もない乳児や幼児を想定してみればよい。そもそも乳児や幼児は所得を稼得する能力がないので、家族に抱かれてケアされなければ生存できない。さらに生存に必要な所得が保障されたとしても、家族によるケア・サービスが生存には不可欠なのである。

年齢を重ねた高齢者も同様である。所得稼得する能力を喪失したり、高齢退職して賃金所得を喪失した高齢者は、所得保障だけで生存するための生活が可能になるわけではない。もちろん、いかなる人間といえども、互いに支援し合う共同体的絆による相互扶助を必要としている。しかも、年齢を重ねると身体的能力は弱まり、ケア・サービスのニーズが拡大していくことになる。

障害者もケア・サービスの支援を得て生活をしている。そうしたケア・サービスも、社会システムの共同体の相互扶助や共同作業という協力原理のもとで提供されてきたのである。

共同体の協力原理とは、他者が不幸になると自分も不幸になり、他者が幸福になると自分も幸福になるという原理である。それは存在の必要性の相互確認が、共同体の内部には成立していることを意味している。つまり、その人間が存在していること自体が共同体にとって必要だということが、相互確認されているのである。

障害のある子をもつ親たちの声に耳を傾けさえすれば、存在の必要性の相互確認は容易に理解できるはずである。親たちの誰もが「あの子がいてくれたから、私は生きてこられた」と述懐するからである。つまり、共同体とは存在していることだけを必要として、集まることだけを目的として形成された組織なのである。

こうした存在の必要性を相互確認している、人間と人間との関係における人間的触れ合いが、対人社会サービスである。存在の必要性を相互確認しているからこそ、相互扶助や共同作業で、人間の生命活動が持続されていることになる。つまり、対人社会サービスは、家族愛、隣人愛、友情などに存在欲求の充足を求めて、共同体の相互扶助や共同作業として提供されていたのである。

しかし、市場の領域が拡大していけば、共同体の機能は劣化していかざるをえない。医療や教育という対人社会サービスに専門的知識が求められるようになると、そうした対人社会サービスは家族という小さな共同体から、地域社会という大きな共同体で担われていく。育児や高齢者へのケアという福祉サービスも、家族という小さな共同体の相互扶助では担われなくなると、大きな共同体で担われるようになる。

ただし、共同体の機能劣化が進むと、共同体という社会システムの自発的協力では、対人社会サービスのニーズを充足できない事態が生じてくる。対人社会サービスのニーズが充足できないと人間の生活が営まれてきた社会システムが危機に陥る。もちろん、そうなれば社会統合は危機に瀕するので、政治システムが財政を通じて、強制的協力で対人社会サービスのニーズの充足を保障することになる。

労働市場と家族の変容

第二次大戦後に先進諸国が目指した福祉国家とは、財政が賃金所得と現金給付を保障することで、社会の構成員への生活保障責任を果たす国家だったといってよい。賃金所得の稼得保障は、財政の経済安定化機能による完全雇用の実現によって責任を果たし、また賃金所得が欠如する場合には、公的扶助や社会保険給付による財政の所得再分配機能で、社会の構成員への生活保障責任を果たしてきたのである。

ところが、福祉国家が基盤としてきた重化学工業を基軸とする工業社会から、知識集約産業やサービス産業を基軸とするポスト工業社会へと転換すると、労働市場は大きく変容する。同質で大量の筋肉労働を必要とする重化学工業が中心の社会では、主として男性が労働市場に進出し、家庭内で主として女性が子どもたちや高齢者のケア、さらには家事に無償労働として従事するという家族像が形成される。

しかし、ポスト工業社会となり、知識集約産業やサービス産業が基軸産業になると、女性も労働市場へ進出するようになり、子どもたちや高齢者のケアに無償労働として従事する者が姿を消していくことになる。そうなると、政府が財政を通じて育児や高齢者へのケア・サービスを公共サービスとして提供しないと、格差や貧困が溢れ出してしまう。というのも、労働市場への参加形態が砂時計型に両極分解してしまうからである。

一つは家庭内での無償労働から完全に解放され、労働市場に参加する形態である。もう一つは家庭内での無償労働に足を引っ張られながら、労働市場に参加する形態である。もちろん、前者は男性に多い参加形態であり、後者は女性に多い参加形態となる。

このように労働市場への参加形態が両極分解すると、労働市場も砂時計型に二極化する。一つはフル・タイムの労働市場であり、もう一つはパート・タイムの労働市場である。これは正規の労働市場と、非正規の労働市場とも言い換えてもよい。

ひとたび労働市場が二極化してしまうと、不況時代に労働市場に新たに参加する者を、パート・タイムの労働市場や非正規の労働市場で受けてしまう。そのためパート・タイムの労働市場や非正規の労働市場で苦しんでいる者は、女性と若者に多いという現実が形成されてしまうのである。

対人社会サービスへアクセスする権利保障

医療サービスと同様に、日本では育児や高齢者ケアという対人社会サービスも、公共サービスとして無償で提供されてはいない。医療サービスは早い時期から、専門家に委ねられたため、無償というわけではなかったけれども、「ヒポクラテスの誓い」(古代ギリシアにおける医療倫理などについての神への宣誓文)にみられるように、必ずしも市場価格で提供されていたわけでもない。これに対して育児や高齢者へのケアという対人社会サービスは、家族内の無償労働によって担われてきた。というよりも、育児や高齢者ケアでは、ケアに従事すること自体が、ケアに従事する者の存在欲求を充足することとなっていたのである。

コロナ・パンデミックは対人社会サービスの提供について、財政が責任を負わなければ、市場社会が人間の社会として存続困難となることを明白にした。「対人社会サービス」の「提供」と表現したけれども、より正確に表現すれば、対人社会サービスにアクセスする権利について、すべての社会の構成員に保障責任を負うことである。医療サービスにアクセスすることが、貧困あるいは就業などの理由で不可能となれば、人間の社会は存続困難となってしまうのである。

人間が生存していくために必要不可欠な基礎的ニーズである対人社会サービスへのアクセス

の保障責任を財政が果たさなければ、社会統合が困難になることをコロナ・パンデミックは焙り出した。というよりも、コロナ・パンデミックは人間が生存するうえで欠くことのできないニーズを充足する財・サービスと、それを超える欲望を充足する財・サービスのあることを明らかにしたといってよい。

新型コロナ・ウイルス感染症を抑えるために、経済活動や社会活動を縮小・停止させることに迫られても、人間の社会を維持するために、縮小・停止させてはならない活動のあることが思い知らされる。しかも、感染拡大にともなって感染者の就業が困難となるため、逆に就業する人員を確保して、縮小・停止どころか、拡大していかざるをえない活動が浮き彫りとなってくる。

そうした活動に従事する者は、エッセンシャル・ワーカーと呼ばれる。その活動の継続と人員の確保なしには、コロナ・パンデミックのもとで人間の社会の存立が困難となることを、人びとは学んだ。もちろん、コロナ・パンデミックのもとでは、医療サービスの従事者の活動と人員確保が最優先課題となることは間違いない。しかし、そのためには、彼らの生活そのものを支える活動も必要となる。

医療サービスの従事者も家族共同体を形成して生活を営む。したがって、彼らの生活を支えようとすれば、育児サービスや高齢者ケア・サービスという対人社会サービスを提供しなくてはならなくなる。そうなると、育児サービスや高齢者ケア・サービスの従事者も、エッセンシャル・ワーカーとして、その生活を支えることになる。もちろん、彼らの生活を支えるには、医療サービスという対人社会サービスが必要となるように、相互に輪舞《りんぶ》のような関係を形成する。こうした対人社会サービスの輪舞の輪に教育サービスの従事者が加わることはいうまでもない。

エッセンシャル・ワーカーの劣悪な労働条件

しかも、コロナ・パンデミックによって日本では、エッセンシャル・ワーカーが低賃金と劣悪な労働条件のもとで働いていることも再認識させられることになった。こうしたエッセンシャル・ワーカーの低賃金と劣悪な労働条件は、政府が対人社会サービスへのアクセスの保障責任を果たしていないことのメダルの表と裏の関係にある。

一九九〇年代に日本では新自由主義にもとづく労働市場改革が強行されるとともに、低賃金で劣悪な労働条件の雇用が溢れ出していった。この多くが、「規制緩和」と「民営化」のかけ声とともに、本来は政府が責任をもって提供すべき公共サービスを、民間に丸投げすることによって生じたものである。そのため対人社会サービスに従事するエッセンシャル・ワーカーは、低賃金と劣悪な労働条件のもとで働かざるをえなくなったのである。

低賃金で劣悪な労働条件にもかかわらず、育児サービスや高齢者ケア・サービスに従事する者を支えているモラールは、存在欲求の充足による使命感にほかならない。人間は自己の存在が他者にとって必要不可欠だと実感できた時に、存在欲求が充足され、幸福を実感する。こうした存在欲求の充足による使命感こそが、彼らのモラールを支えているといってよい。

医療サービスと教育サービスは、育児サービスや高齢者ケア・サービスと相違して、早い時期から共同体の相互扶助や共同作業から専門家の手に委ねられたこともあって、医師や教員についていえば、必ずしも低賃金労働というわけではない。しかし、医師も教員も、その劣悪な労働条件はつとに知られ、教員の苛烈な勤務実態は社会問題化している。しかも、医療サービスの提供は、医師の周囲にいる看護師をはじめとする、低賃金と劣悪な労働条件に苦しみながらも、使命を果たそうとする広範な医療サービス従事者の存在によって担われているのである。

コロナ・パンデミックに襲われると、人間の社会を存続させるうえで、欠けてはならないニーズと、それを超えて膨らんでいく「欲望」とを弁別しなくてはならないことが思い知らされる。コロナ・パンデミックのもとではニーズの充足を優先課題として、そのために資源を動員しなくてはならないからである。

ところが、ニーズの充足を担うエッセンシャル・ワーカーが低賃金と劣悪な労働条件に喘いでいれば、そこへの資源動員はままならない。そうなると感染症の拡大を抑えるために、「規制・統制」を強化していかざるをえなくなる。エッセンシャルではない活動を縮小・停止させたり、「不要不急」の行動を自粛させたりすることになるのである。

「規制・統制」受容の代償

新型コロナ・ウイルス感染症が拡大すれば、医療サービスを基軸にして対人社会サービスを動員することになるが、それには財政支出を増大させることが必要となる。しかし、財政支出を増大させても、対人社会サービスの提供能力がなければ、それを必要なだけ確保することはできない。そうなると、政治システムの強制力を背景にした権力的「規制・統制」を加えて、感染を封じ込めようとする。つまり、ロック・ダウン、休業・休校、外出禁止、移動制限などによる感染防止が図られることになる。

もちろん、こうした「規制・統制」も、警察などの強制力を維持する経費が必要であるため、財政が動員される。しかし、その場合は、対人社会サービスなどを公共サービスとして提供するよりも、財政支出が低く抑えられるように思われるかもしれない。しかも、日本は強制力をより背後に控えさせる「自粛の要請」を原則とする日本型の「規制・統制」を採ったので、財政支出は一層、低く抑制できたと考えられがちである。

ところが、「規制・統制」にかかわる財政経費は、背後に控える強制力を維持する経費だけでは済まない。というのも、「規制・統制」は市場経済の価格機構を歪めるので、その歪みを調整するための財政経費が膨張するからである。つまり、価格機構を歪める「規制・統制」を受け入れることへの代償に対する支出が激増する。こうした代償への支出は、日本のように自粛を要請する方式でも同様に発生するどころか、かえって増加してしまうことにもなりかねないのである。

日本では二〇二〇年にコロナ・パンデミックに襲われると、三〇兆円にも達する大規模な三次にわたる補正予算が編成された。このうち二五兆六九一四億円に上る第一次補正予算のうち最大の経費支出は、一九兆四九〇五億円が計上されている「雇用の維持と事業の継続」のための経費である。この「雇用の維持と事業の継続」のための経費は、経済活動の自粛を要請している代償だと認めてよい。

もちろん、コロナ・パンデミックに対応するための財政動員の基軸は、医療サービスの提供にあるはずなのだが、「感染防止策と医療体制整備」のための経費は、一兆八〇九七億円にすぎない。それは医療サービスの提供が充実していたことを意味してはいない。医療崩壊の危機が繰り返し叫ばれたことを考えれば、医療提供体制が整備されていないが故に、財政支出を増加させても、医療サービスの提供強化には結びつかなかったことを示していると考えられる。

医療設備を拡大して医療提供体制を強化しようとしても、人的資源が不足しているので意味がないと唱えられ、組織を弾力的に編成替えして人的資源を捻《ひね》り出すことすら進まなかったことはすでに述べたとおりである。それ故に「自粛要請」を強化せざるをえなくなり、その結果として「規制・統制」を受け入れる代償としての経費支出が膨れ上がったのである。

しかも、奇妙なことに感染防止策と医療体制の整備のための経費を上回る一兆八四八二億円が「観光・消費支援」の経費として計上されていた。つまり、医療サービスの提供体制の限界から、感染防止を強化することを目的として人びとの非接触を推進するために、移動や休業を要請しながら、「経済を回す」という名のもとに、そうした要請と相反するような「観光・消費支援」に多額の支出が計上されたのである。

生活面よりも生産面を優先した日本の対応

ここに日本のコロナ・パンデミックへの政策対応の特色を見出すことができる。それはコロナ・パンデミックが人間の社会に与える共同の困難に対して、生活面からよりも生産面から対応するという特色である。換言すれば、社会システムで営まれている人間の生命活動としての生活を救済するよりも、経済システムで営まれている生産活動の機能維持を重視したということができる。

政治システムは財政を通じて、社会システムで営まれている生命活動を保障するために、社会的セーフティネットを張り、経済システムで営まれる生産活動の前提条件である社会的インフラストラクチュアを整備する。もちろん、コロナ・パンデミックという共同の困難に襲われても、社会的セーフティネットによって社会の構成員の生活を保障しなければならない。生活保障責任を果たせないのはコロナ・パンデミックが想定外だったからではなく、そもそも社会的セーフティネットの網の目が粗すぎて、機能していなかったと考えるべきである。

社会的セーフティネットとしての社会保障には、現金給付と現物(サービス)給付がある。現金給付には社会保険と公的扶助がある。社会保険とは、正当な理由で賃金を喪失した時に、賃金代替として支給される現金給付である。生活保護などの公的扶助とは、賃金が稼得できないか、稼得できていたとしても生活維持が困難な場合に支給される現金給付である。

もちろん、コロナ・パンデミックによって失業して賃金を喪失すれば、失業保険という社会保険によって、賃金代替の現金給付が支給される。ところが、日本の社会保険は網の目が粗く、パートや非正規という雇用形態や、自営業者を充分に包摂できていない。こうした網の目の粗さによって、ポスト工業社会の社会的セーフティネットとしては機能不全に陥ってしまう。

ポスト工業社会は情報メディアの発展から、雇用がネットワークで組織されるため、フリーランスなどと呼ばれる雇用型自営業が大量に存在するようになる。そうした雇用型自営業の生活保障は、日本の社会保険では網の目からもれてしまうのである。

そのため二〇二〇年度の第二次補正予算でも第三次補正予算でも、雇用型自営業の取り扱いが問題となり、「全国民への一〇万円給付」という政策に結びつくことになる。前述のように二〇二〇年度の第一次補正予算の最大支出項目は一九兆四九〇五億円の「雇用の維持と事業の継続」のための経費だったけれども、そのうちの一二兆八〇三億円は、「全国民への一〇万円の給付」だったのである。

ところが、スウェーデンの社会保険は赤と緑の連帯、つまり労働者と農民の連帯が実現していると讃美されるように、雇用者も自営業者も包摂されていた。そのためもあってフリーランスなどの雇用型自営業者をも包摂したポスト工業社会に対応した社会保険となっている。したがって、コロナ・パンデミックに襲われても、既存の社会保険を機能させればよく、一律給付などの特別措置を導入する必要はなかったのである。

問われる財政の使命

こうした日本のコロナ・パンデミック関連の財政支出を二〇二〇年における国際比較の視点から眺めると、**表2-2**のようにGDP比でウェイトの高いアメリカの一六・七%、イギリスの一六・三%と肩を並べる一五・六%になっている。人口当たりの罹患者率をみると、アメリカの一〇・七%に対して、日本の場合は〇・七%と極めて低い。そのことを考えると、日本の財政支

表 2-2　コロナ・パンデミックに関する指標

国	経済成長率		コロナ関連財政支出		コロナ関連財政・金融措置		コロナ罹患数			
	2019 年（%）	2020 年（%）	実額(10 億米ドル)	対 GDP 比率(%)	実額(10 億米ドル)	対 GDP 比率(%)	累計罹患者数	累計死者数	人口当たり累計罹患者率(%)	人口当たり累計死者率(%)
世界	2.8	−3.5					198,546,333	4,232,877	2.5	0.05
日本	0.3	−5.1	782	15.6	2210.4	44.0	913,755	15,184	0.7	0.01
ドイツ	0.6	−5.4	418	11.0	1472.1	38.9	3,776,721	92,171	4.5	0.11
フランス	1.5	−9.0	198	7.7	602.7	23.5	6,127,019	111,867	9.4	0.17
イタリア	0.3	−9.2	127	6.8	790.2	42.3	4,350,028	128,063	7.2	0.21
スペイン	2.0	−11.1	52	4.1	236.0	18.6	4,447,044	81,486	9.5	0.17
イギリス	1.4	−10.0	441	16.3	877.3	32.4	5,856,528	129,654	8.6	0.19
アメリカ	2.2	−3.4	3503	16.7	4013.3	19.2	35,745,024	629,315	10.7	0.19

出所：三和良一・三和元『概説日本経済史 近現代 第 4 版』東京大学出版会，2021 年．経済成長率は IMF, ‘World Outlook’(2021 年 1 月)．財政支出額，財政・金融措置額は 2020 年末までの累計で，GDP 比は 2020 年 GDP に対する比率．IMF: Database of Country Fiscal Measures in Response to the COVID–19 Pandemic, January 2021. コロナ罹患数は，2021 年 7 月末の数値で Worldometer のウェブサイトによる．

出の大きさは異様にみえる。

もっとも、ドイツとフランスあるいはイタリアを比較するとコロナ・パンデミック関連の財政支出は、フランスが七・七％でイタリアが六・八％であるのに対し、ドイツは一一・〇％と高い。ロック・ダウンをはじめとする強力な「規制・統制」を断行せざるをえなかったフランスとイタリアに対して、緩やかな「規制・統制」で済ませたドイツは、逆に財政が経済的補償を提供することによって感染防止を実現しなければならなかった。そのためドイツの財政支出が膨れ上がったと考えられる。同様に、日本も強力な「規制・統制」を抑え、移動や事業活動などの自粛を要請するという方式を採用したが故に、むしろ財政支出が膨張したということになる。

ここにコロナ・パンデミックという外在的危機の本質が認められる。コロナ・パンデミックは人間の生存を脅かしている。つまり、社会システムで営まれている人間の生命活動が襲われたのだといってよい。しかも、「生活の場」である社会システムにおける生命活動を守るために、「生産の場」である経済システムにおける生産活動を抑制することになる。

ところが、戦争や恐慌などの内在的危機は、経済システムにおける生産活動を活性化することによって危機克服が目指される。したがって、財政もそこへ向けて動員されるが、コロナ・パンデミックという外在的危機では、財政は経済システムの生産活動を抑制するように動員されていく。もっとも、コロナ・パンデミックで財政が生産活動を抑制するために動員するのは、社会システムでの生命活動を守るためであることを忘れてはならない。つまり、社会システムが危機に晒されても、それを防御する社会的セーフティネットを整備する財政の使命を果たしていれば、財政を経済システムの抑制に動員することは少なくて済むのである。

財政縮小路線の大転換

コロナ・パンデミックに襲われて、社会的セーフティネットが有効に機能しなければ、たちまち生存が脅かされるような深刻な生活困難が生じ、社会システムが統合不可能な危機に陥る。当然のことながら、福祉国家を批判しつつ、市場経済の領域をひたすら拡大させることによって経済成長を目指して、社会的セーフティネットを取り外すことを企図してきたアメリカ、イギリス、日本というアングロ・アメリカン諸国では、既存の社会的セーフティネットによる生活救済が不可能となる。しかも、あまりにも市場経済の領域を拡大しすぎたために、社会システムの相互扶助や共同作業が劣化してしまっている。したがって、政治システムによる社会的セーフティネットが機能しなければ、生活保障を市場経済に依存するしかない。

もちろん、市場経済に依存して生活困難を克服しようとすれば、現金が必要となる。しかし、コロナ・パンデミックで現金所得を失い、既存の社会的セーフティネットから現金給付が確保できないのであれば、生存不可能な状態に陥る。

そこでアングロ・アメリカン諸国では、社会的危機を回避するために、財政を膨張させて、多額の現金給付を実施せざるをえなくなる。社会的セーフティネットが脆弱なアメリカでは、「小さな政府」論に立脚していた共和党のトランプ政権のもとで、二〇二〇年三月下旬に「コロナ・ウイルス援助、救援及び経済的保護法」を成立させ、「福祉国家なき福祉」と揶揄《やゆ》されながらも、生活保障として巨額の現金給付が惜しみなく振る舞われていく。

こうした現金給付は、①失業保険の拡大と、②ベーシック・インカムへの第一歩とさえいわれる一定所得未満の者に支給される現金給付から成り立っている。もちろん、このような現金給付には、経済システムに対する景気安定化の意図が含まれてはいるものの、機能しない社会的セーフティネットのもとで、社会システムの危機を回避するために不可欠な財政動員だったということができる。日本も程度の差こそあれ、事情は同様である。機能しない社会的セーフティネットのもとで、社会システムが直面する危機を回避するためには、「全国民一律一〇万円」という現金給付に踏み切らざるをえなかったのである。

福祉国家が社会的セーフティネットを強化したために、それがモラール・ハザードとなって勤労意欲が失われ、経済停滞が生じているとする新自由主義の経済政策思想にもとづいて、財政を運営してきたアングロ・アメリカン諸国にとって、「福祉国家なき福祉」を気前よく拡大したことは、財政運営方針の大転換ということができる。

しかし、アングロ・アメリカン諸国だけではなく、ヨーロッパ社会経済モデルを追求したヨーロッパ大陸諸国も財政運営方針を大転換している。ドイツは経済システムを制御したことへの代償としての支出拡大が大きく、それは企業の損失補償を負担する融資保証の巨大さにも表れている。こうしたドイツの財政膨張は、ドイツ憲法の規定する「財政収支均衡の原則」を一時的にせよ放棄することを意味するだけではなく、ドイツが主導してきたヨーロッパの通貨統合のための財政規律をも無視することになる。実際、EUのヨーロッパ委員会は財政赤字もGDP比で三%以内に抑え、公的債務残高をGDP比で六〇%以内に保つという収斂《しゅうれん》基準(EU加盟国がユーロの導入にあたり満たさなければならない基準)の一時停止を呼びかけたのである。

イタリアとスペインがコロナ・パンデミックで悲惨な状態に陥ったのは、一〇年にもわたって緊縮財政路線を強いられたために、医療提供体制を圧縮せざるをえなかったからだといわれている。しかし、そうしたヨーロッパ大陸諸国における緊縮財政路線は、コロナ・パンデミックによって大転換を遂げたといってよい。

財政機能の衰退

コロナ・パンデミックの悲劇は中国で開幕したけれども、コロナ・パンデミックへの政府対応が激変するドラマも、中国から開演する。復旦大学の張永拓教授が率いる研究チームが、二〇二〇年一月五日に新型コロナ・ウイルスの全遺伝子配列を読み取ることに成功するからである。これによって一月一三日にモデルナ社がｍＲＮＡワクチンの開発を始め、続いてドイツでビオンテック社とファイザー社もその開発に取り組んでいく。

完成した新型コロナ・ウイルスのワクチンは、二〇二〇年の年末にアメリカとイギリスで最初の接種が始まる。そうなると、二〇二一年の年明けから、コロナ・パンデミックへの政策対応は激変する。コロナ・パンデミックの政府対応における課題が、いかにワクチン接種を展開していくかに絞られていくからである。

コロナ・パンデミックに対応した日本の財政運営を一般会計の動きで眺めると、二〇二〇年度に巨額に膨らんだ財政規模は、ワクチン接種が本格的に始まる二〇二一年度になると、縮小に転じている(図2-1)。二〇二〇年度における日本のコロナ・パンデミック対応の経費支出はＧＤＰ比で五〇％にも上る巨大な規模に達したけれども、その財源を公債(国債)の起債に依存したため、国債依存度は七三・五％に跳ね上がってしまったのである(図2-2)。

とはいえ、日本のコロナ・パンデミックへの財政動員は、社会システムにおける生命活動を感染から守るために、経済システムにおける生産活動の自粛を要請しつつも、その代償を給付して、生産活動と雇用の継続に重点が置かれた。そのため財政動員規模も先進諸国で最大とい

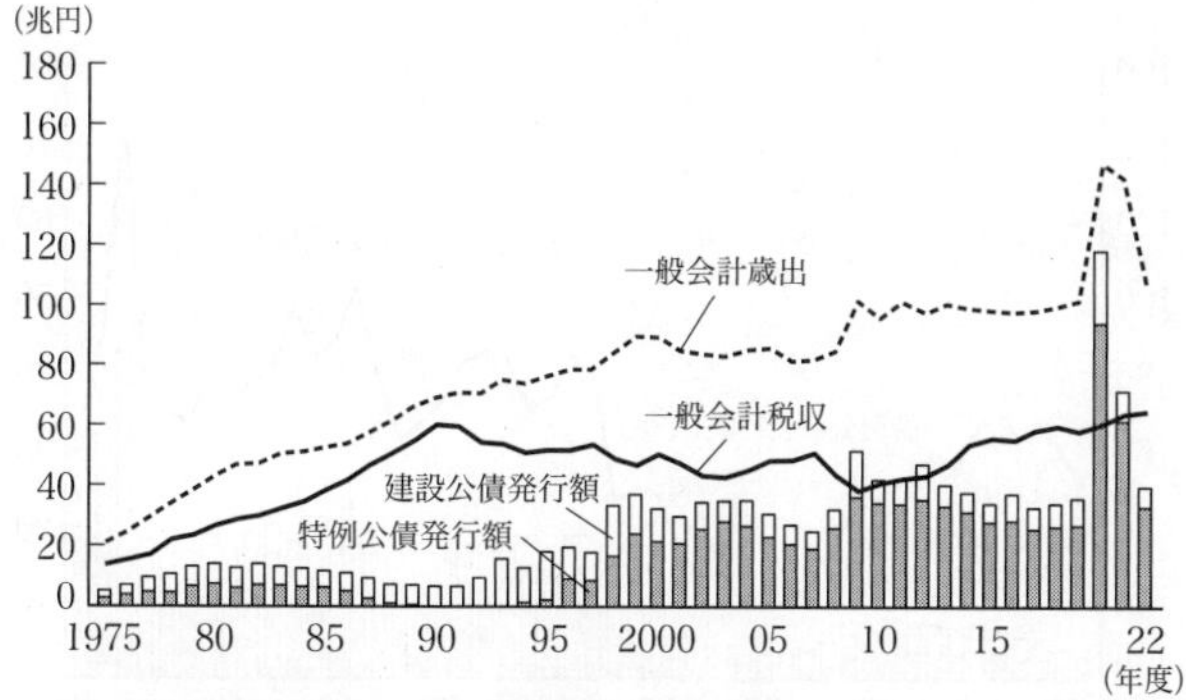

出所：森田稔編著『図説　日本の財政(令和4年度版)』.
注1：2020年度までは決算，21年度は補正後予算，22年度は予算による.
注2：特例公債発行額は，1990年度は湾岸地域における平和回復活動を支援する財源を調達するための臨時特別公債，94–96年度は消費税率3%から5%への引き上げに先行して行った減税による租税収入の減少を補うための減税特例公債，2011年度は東日本大震災からの復興のために実施する施策の財源を調達するための復興債，2012年度および13年度は基礎年金国庫負担2分の1を実現する財源を調達するための年金特例公債を除いている.

図2-1　一般会計歳出総額・税収・公債発行額の推移

える水準に達していたので、倒産や失業という経済システムにおける危機は抑えられていた。したがって、実質GDPの推移をみても、二〇二〇年にマイナス成長に陥るものの、日本の落ち込みは比較的軽微で推移していたのである。

しかも、財政では一見すると、奇妙に思える現象が生じる。それは経済成長がマイナスであるにもかかわらず、税収が増加したことである。もっとも、二〇一九年に消費税の税率引き上げが実施された効果もある。しかし、コロナ・パンデミックへの財政動員の効果が大きく反映されていることを指摘しておかなければならない。

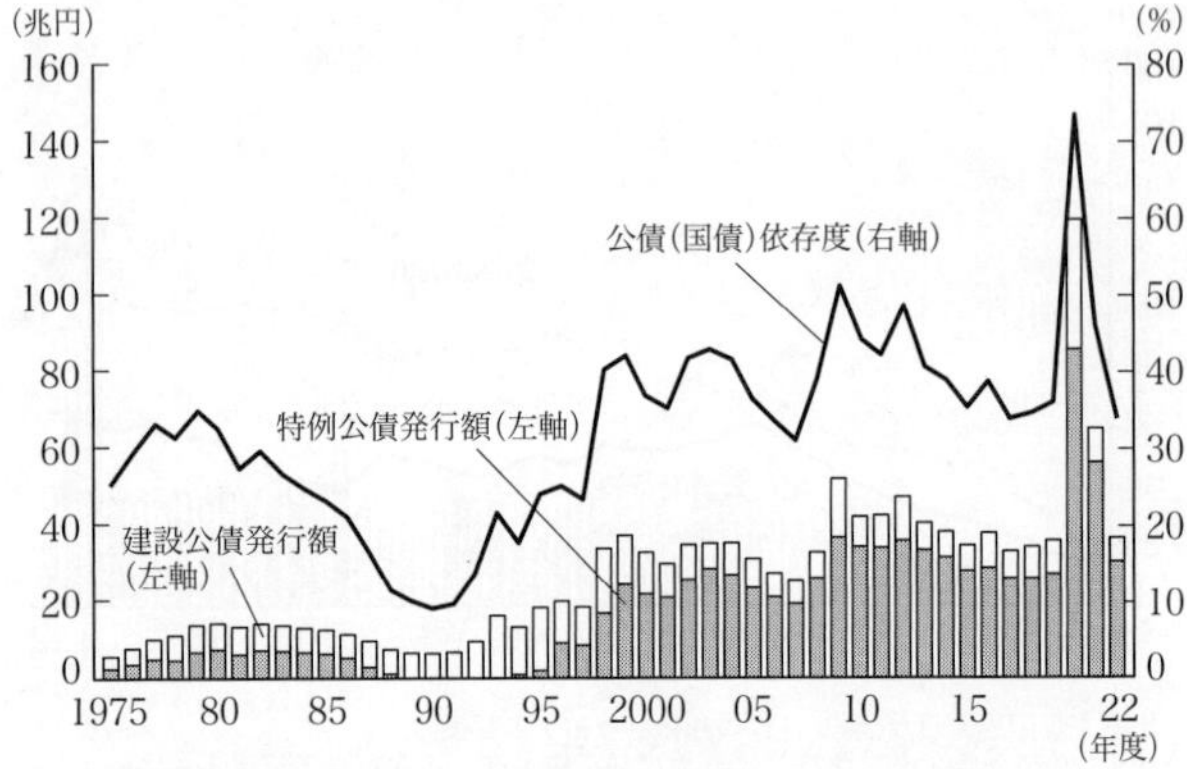

出所：森田稔編著『図説　日本の財政(令和4年度版)』.
注：図2-1の注1・2を参照. 公債依存度は公債発行額を一般会計歳出総額で除して算出.

図2-2　公債発行額と公債(国債)依存度の推移

所得税の税収が横這いで推移できたのも、雇用の継続を支援するため、雇用調整助成金などの補助金が支給され、家計所得がわずかな減少にとどまったからである。法人税にいたっては増収になっている。これには事業継続を支援する補助金が大規模に支給されたことが貢献していることは間違いない。しかし一方で、事業活動の自粛を要請しながら、他方で事業継続を支援するというアンビバレントな政策からも容易に推察できるように、大幅な赤字を計上する企業と、大幅な黒字を計上する企業とに両極化したことが、法人税の税収増加に影響を与えていると考えられる。

もちろん、マイナス成長のもとで税収は増加したとはいえ、コロナ・パンデミックへの大規模な財政動員は、大量の国債の起債に依存せざるをえなかった。そのため財政収支は二〇二〇年度に急激に悪化する。この財政収支の赤字幅は、二〇〇八年にリーマン・ショックで経済システムが危機に陥った時よりも大きい。

当然ながら、コロナ・パンデミックによる財政収支の急激な悪化は、日本のみならず生じている。しかし、日本では経済的危機の克服に財政が有効に機能しなかったが故に、財政収支の悪化状態が継続した。一九九七年にはイタリアよりも低かった債務残高が、国際的にみても、突出して高くなっていたことに留意する必要がある（**図2-3**）。コロナ・パンデミックに対応するため二〇二〇年に生じた財政収支の急激な悪化は、ただでさえ異様な日本の債務残高を膨張させていく。結果として、こうした債務残高の異様な膨張は、財政が有効に機能するための財政能力を奪い取ってしまうことになる。

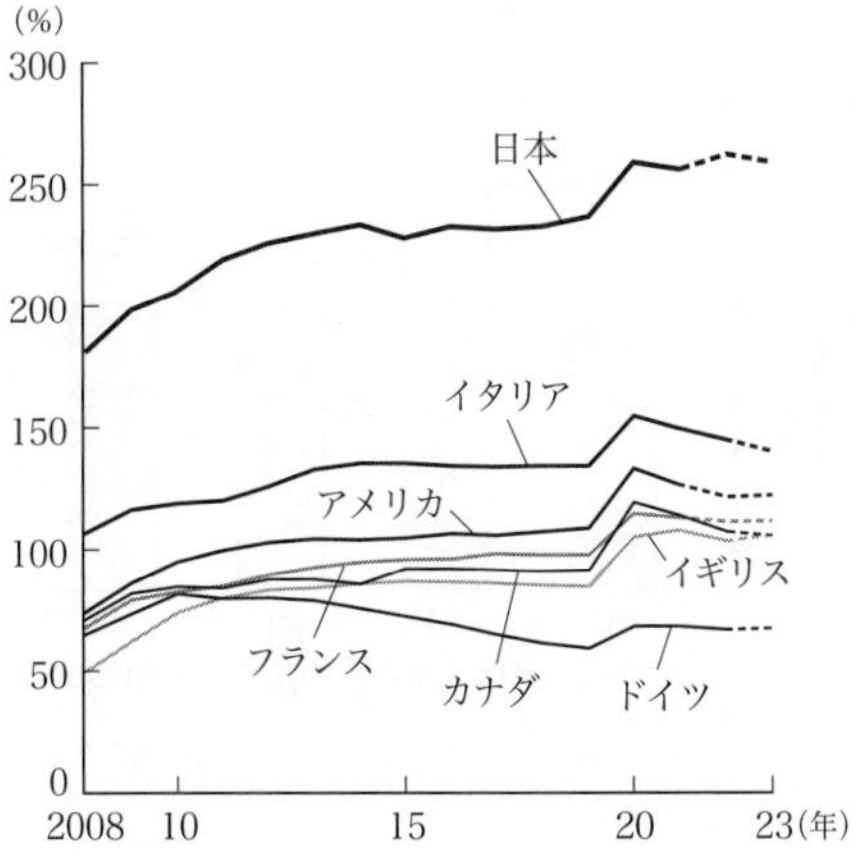

出所：IMF, 'World Economic Outlook'(2023年4月).
注1：数値は一般政府(中央政府，地方政府，社会保障基金を合わせたもの)ベース.
注2：日本，米国およびフランスは，2022年および2023年が推計値．それ以外の国は，2023年が推計値.

図2-3　債務残高の国際比較(対GDP比)

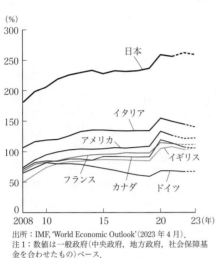

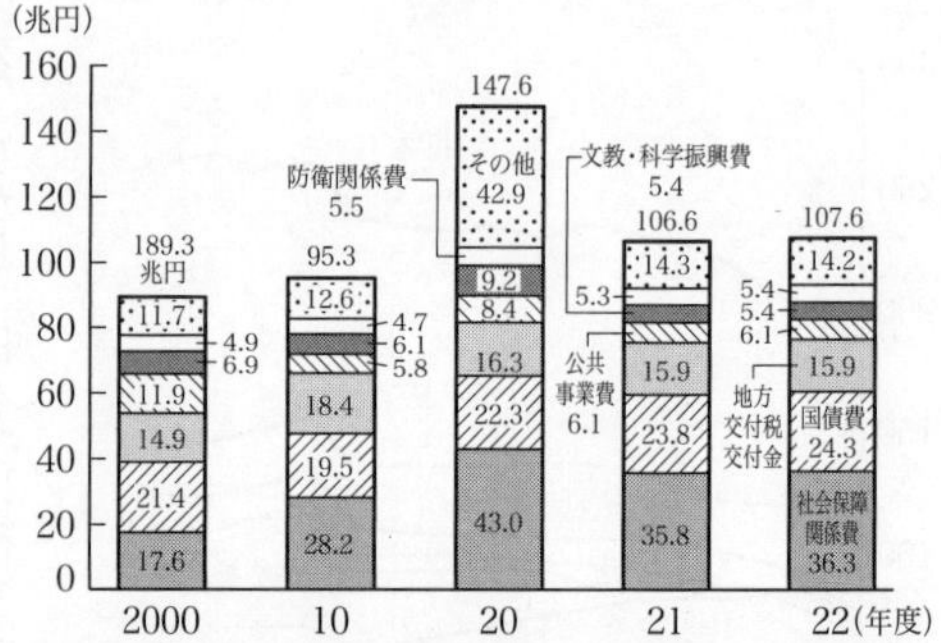

出所：矢野恒太記念会編『日本国勢図会 2022/23』矢野恒太記念会，2022 年．財務省「財務統計」ほか．
注：2021 年度以降は当初予算．地方交付税交付金には地方特例交付金を含む．

図 2-4　一般会計歳出の主要経費別推移(会計年度)

いまこそ財政の使命を拡大する戦略へ

一般会計歳出に占める国債費のウェイトをみても、二〇一〇年度の一九・五％からコロナ・パンデミックに襲われた二〇二〇年度に二二・三％に跳ね上がって以降、予算ベースではあれ、二〇二一年度の二三・八％、二〇二二年度の二四・三％と、上昇の一途を辿っている（図2−4）。それは公共サービスを提供する財政の機能が弱まっていることを物語っている。

もっとも、コロナ・パンデミックという外在的危機に対する財政動員に対して債務残高は大きく高まったものの、倒産や失業が急増するという経済システムの危機は回避されたと、政府は評価しているようである。しかも、コロナ・パンデミックの歴史的教訓から学んだことは、「経済あっての財政」という考えであり、こうした考えのもとで、「経済をしっかり立て直すことが重要である」としている。

しかし、コロナ・パンデミックという外在的危機から学んだ教訓とは、人間の社会の価値体系の最上位に置かれるものが、「人間の生命」だということだったはずである。それだからこそ、社会システムで営まれている「人間の生命」の活動である生活を新型コロナ・ウイルス感染症から守るために、社会全体が動いたのである。

感染症を阻止するために経済システムの活動を抑制したのも、「人間の生命」の活動である生活を守るためである。このことは、生産は生活のための活動であるという自明の理を再認識させたはずである。生活あっての生産であり、社会あっての経済である。

社会システムでの人間の生活を支えるために、経済システムでの生産活動がある。しかも、人間の生活を支えるために必要不可欠な財・サービスを提供するエッセンシャル・ワーカーの活動を欠くことはできない。こうしたことを再認識すべきということも、コロナ・パンデミックの教訓である。つまり、経済システムの生産する財・サービスには、人間の生存という観点からみると、「質」の相違があることを改めて思い知らされたのである。

そうだとすれば、コロナ・パンデミックという歴史的経験からの教訓は、経済システムをコロナ・パンデミック以前の状態に戻すことではないことは明らかである。経済システムは、社会システムで営まれる人間の生存を支えるためにあるという基本的視座から、歴史的諸条件の変化にともない、それと整合的な経済システムを再創造しなければならないはずである。

「人への投資を原動力とする成長と分配の好循環実現へ」と銘打った内閣府『令和4年版経済財政白書』は、「経済あっての財政の考えの下、経済をしっかり立て直すことが重要である」と訴えている。コロナ・パンデミックを克服するために財政は、「債務残高対GDP比は大きく高まったが、倒産や失業が急増する事態」を回避させることができた。しかし、「ウクライナ情勢等を背景とした原材料価格の上昇や供給面での制約、金融資本市場の変動等の下振れリスクが存在している」。そのため「感染症の影響が和らぎ、持ち直しつつある我が国経済を腰折れさせることがあってはならず」、「経済あっての財政」という考えのもとに、経済を成長させていく方針を主張している。

こうした「経済あっての財政」という政府の方針には、財政が誘導して経済システムを再創造するという発想は感じられない。財政が制御できずに野放しとなった市場経済が、自然環境と社会環境の破壊をもたらし、人間の生命活動を脅かしているという認識もない。したがって、「民主主義の経済」であるはずの財政についても、市場経済あっての財政という考えのもとに、市場経済を制御すべきではないと唱えられることになる。

しかし、コロナ・パンデミックという歴史的経験は、経済システムを人間の生命活動を支えるという視点から再創造することを求めている。もちろん、そうした方向へと経済システムを再創造していくための条件を、社会的インフラストラクチュアとして整備していくことは、財政の使命である。

そうだとすれば、コロナ・パンデミックの歴史的教訓は、市場社会の運命を市場に委ねる従来の「経済あっての財政」という考え方から、その運命を「民主主義の経済」である財政に委ねる「財政あっての経済」という考え方に転換することだということができる。それは人間の歴史の方向性の決定を民主主義に委ねることが、根源的危機に立ち向かう道だという教えでもある。

第3章　人間主体の経済システムへ
——民主主義を支える財政の意義

「生」への省察の覚醒

私たちは未来の見えない時代に生きている。私のささやかな人生経験からいっても、たとえそれが幻想であったとしても、見えていた未来が、闇に覆われてしまっている。もっとも、「根源的危機の時代」という不条理の時代の流れに身を委ねている以上、それは自明の真理かもしれない。しかも、「根源的危機の時代」がコロナ・パンデミックに襲われることで、破局の未来へと突き進んでしまっているのではないかという恐怖と不安に、人びとは立ち竦《すく》んでいるように思われる。

しかし、一利一害でコロナ・パンデミックは、人間に「死」の自覚とともに、「生」の自覚をもたらしていることも忘れてはならない。つまり、コロナ・パンデミックによって人間の存在にとっての最悪の事態である「死」という限界状況を突き付けられることで、たった一度のかけがえのない「生」の意義を省察することになったと考えられる。

もちろん、コロナ・パンデミックは人間の個人的な存在に対してだけではなく、人間の社会に対しても限界状況を突き付け、その「死」と「生」への省察を覚醒させている。このようにコロナ・パンデミックがもたらした、人間と人間の社会に与える覚醒こそ、見えなくなった未来を覆う闇を照らす導き星となる。

というよりも、コロナ・パンデミックは人間と人間の社会に対して存続の危機をもたらしたが故に、より人間的な社会のヴィジョンを構想させることになる。すなわち、絶望の淵からでも立ち上がり、人間性を取り戻し、人間社会のあるべき姿を希求する人間の運動をも芽生えさせていくのである。

ニーチェ(Friedrich Wilhelm Nietzsche)の口真似をすれば、人類が絶滅の危機に瀕している「根源的危機の時代」である「今こそ人間が自ら目標を打ち立てるべき時」なのである。もちろん、人間が自ら目標を打ち立てる以上、打ち立てた目標への責任も、目標を実現する責任も、人類の存続を賭けて、人間自身が果たさなければならないのである。

未来の選択を民主主義に委ねる

コロナ・パンデミックは「死」への自覚をもたらすことで、「生」への自覚を覚醒させた。もちろん、「生」つまり人間の生命活動は、人間の生命そのものを再生産する「生活」が営まれる社会システムで演じられる。コロナ・パンデミックに襲われて、社会システムの自発的協力で営まれている生命活動が危機に瀕すると、強制力を備えた政治システムが、社会システムの自発的協力の限界を克服し、人間の生命活動を維持するために出動していくことになる。しかも、政治システムは人間の生命活動を維持するために、経済システムでの生産活動を制御する「規制・統制」をも加えたのである。

コロナ・パンデミックは、社会システムで営まれている生命活動のために政治システムも経済システムも存在しているという真理を白日のもとに晒した、ということができる。もっとも、共同体の限界を、共同体同士を強制力によって協力させることで克服するために、国家という政治システムが誕生した。さらに政治システムの支配のもとで共同体的慣習に従って営まれていた経済システムが分離して、市場社会が形成された。こうしたことを考えれば、それは自明の理といえるかもしれない。

財政は社会システム、政治システム、経済システムという三つのサブ・システムを、トータル・システムとしての社会に織り上げる結節点である(一四頁の図序-2参照)。コロナ・パンデミックという外在的危機の経験に学べば、社会システムにおける生命活動を価値体系の最上位に位置づけるように、この三つのサブ・システムを財政が再編成しなければならない。つまり、財政はコロナ・パンデミックという外在的危機に適応するために、三つのサブ・システムを調整しながら目指すべき新しい社会ヴィジョンを形成していく使命がある。というのも、政治システムの経済である財政は、民主主義にもとづいて運営されているからである。

未来に向かって目指すべき新しい社会ヴィジョンの形成は、社会の構成員の共同意思決定つまり民主主義に委ねられる必要がある。もっとも、それには二つの前提がある。一つは、未来は誰にもわからないという前提である。もう一つは、社会の構成員には、どんなに障害を負っていようとも、かけがえのない能力があるという前提である。この二つの前提を受け入れれば、未来の選択は社会の構成員がかけがえのない能力を発揮して、共同で意思決定をする民主主義に委ねたほうが、間違いが少ないということになる。

もちろん、そのためには、社会の構成員の一人ひとりが自由意思にもとづいて、社会の共同の困難に対して自立した思想を形成する努力が常に求められる。それと同時に、他者も自己と同様に、自立した努力を重ねているという信頼関係が必要となる。そうした「自立」と「信頼」によって社会の構成員が近づき合い、共同意思決定という合意形成が実現していくことになる。

民主主義を有効に機能させる

民主主義が社会の共同の困難を解決し、未来を選択するために、社会の構成員がかけがえのない能力を発揮し合って共同意思決定をすることだとすれば、政治システムにおいて社会の構成員が選挙権の行使をすることだけでは、その役割は完結しない。社会の構成員の一人ひとりが、未来の社会形成に影響力を発揮することが保障される必要がある。スウェーデン政府による「権力分配と民主主義」に関する調査指令書では、民主主義の目的を「国民が対等な条件のもとで、将来の社会の形成に参加し、自己の生活形式に自ら参加できることを可能にすること」だとしている。

このように政治システムにおける共同意思決定に影響力を与えるという観点から、スウェーデンの中学三年生の社会科の教科書『あなた自身の社会』(アーネ・リンドクウィスト、ヤン・ウェステル)では、民主主義への参加を次のように説明している。

第一に、選挙権とともに被選挙権を行使することである。スウェーデンでは選挙権も被選挙権も、年齢要件は一八歳である。日本でも選挙権の行使は教えられるけれども、スウェーデンではむしろ、被選挙権を行使して政治家として政治的任務を果たすことを推奨している。

もちろん、誰もが被選挙権を行使して、政治家として政治的任務を担えるわけではないし、誰もがそれを望んでいるわけではない。だが国民は、政治システムにおいて被統治者であると同時に、民主主義を担い政治システムを制御する統治者でもある。そうした社会の構成員が、権利と責任において共同意思決定に影響を与える方法は、選挙権と被選挙権の行使だけではない。それだけでは、民主主義は機能しないのである。

そこで第二に、政治システムの共同意思決定の過程に影響を与える個人的行動を起こすことを奨《すす》めている。つまり、「新聞に投書しよう」「地元のラジオでしゃべるよう努力しよう」「政治家と連絡を取って個人的に話し合ってみよう」などと訴えている。

さらに第三に、「人は一人では無力」だけれども、「何かに影響を与えたいとき、成功を勝ち取るのは他の人びとと一緒にやるとき」だとして、他者と連帯して行動を起こすことを奨める。人びとが連帯すれば、「良い考えが生まれてくるものですし、交渉力も増加して敬意を呼び起こし、成功への可能性」を高めるからだと説明している。

しかし、連帯をして行動することは、デモンストレーションなどの示威運動に参加することだけではない。もちろん、それも重要な影響力をもたらすことは間違いない。

『あなた自身の社会』で、民主主義を有効に機能させるために連帯する行動として強調されているのは、共同の困難である公共の問題を解決する目的で、自発的に組織化された団体、後述するアソシエーションに参加することである。つまり、環境問題にしろ、貧困問題にしろ、教育問題にしろ、ジェンダー問題にしろ、民族問題にしろ、障害者問題にしろ、様々な社会問題に取り組むために組織化されている市民組織、協同組合、地域組織、労働組合などの団体に参加して活動することを呼びかけている。実際、後述するようにスウェーデン政府もそれを推奨している。

このように『あなた自身の社会』に学べば、民主主義は選挙権と被選挙権を行使するだけでは活性化しない。人間の生活の「場」である社会システムにおいて、共同の困難の解決のために、生活者として積極的に個人的行動を起こす必要がある。しかも、こうした個人的行動が、連帯する政治行動として組織化されていく必要性を唱えている。

このような連帯する政治行動は、大衆運動にしろ、市民組織などへの団体参加にしろ、社会システムの組織化を活性化する行動だといってよい。そうだとすれば、この教科書は政治システムにおける民主主義が有効に機能するためには、社会システムが活性化しなければならないことを諭しているといってよい。

経済システムの市場経済は、「悪魔の碾き臼」として、家族やコミュニティなど、社会システムの共同体的人間関係を磨り潰してしまう。それによって社会システムで対立と抗争が激化すれば、政治システムが設定した私的所有権も不安定化してしまい、経済システムも機能不全に陥る。そこで政治システムは財政を媒介にして、家族やコミュニティの機能の縮小に代替する公共サービスを提供し、社会システムの機能を保障して社会統合を図っていく。しかし、政治システムの民主主義が有効に機能しないと、社会システムにおける人間の生活を保障する機能が果たせない。こうした点からも、政治システムの民主主義を有効に機能させるには、社会システムを活性化させることが必要なのである。

社会システムを活性化する

スウェーデンでは社会が危機に陥ると、その克服のために「国民運動(folkrörelse)」が巻き起こる。そうした有効に機能する社会システムに埋め込まれるようにして、政治システムが機能していく。そのためスウェーデンの民主主義は、「国民運動民主主義」だといわれている。

社会システムの組織は、大きく二つに区分することができる。一つはインフォーマル・セクターとして分類される家族やコミュニティという組織である。家族や地域社会も集まることだけを目的として組織化されている帰属集団だということができる。

もう一つはボランタリー・セクターに分類される組織である。特定の目的のために自発的に組織された機能集団である。労働組合や協同組合に加えて、様々な非営利組織が存在する。ヨーロッパでアソシエーションといえば、こうしたボランタリー・セクターの組織を指しているといってよい。

ストックホルム大学元研究員である訓覇法子《くるべのりこ》氏の『アプローチとしての福祉社会システム論』によれば、アソシエーションとは「特定の類似した関心や目的をもつ人びとが、それらを達成するために意識的に結合し形成する人為集団」であり、「コミュニティの共同生活を可能にするために、特定の限定された機能の遂行を目的として組織され、共同生活の中から派生してくる集団」と定義される。アソシエーションは機能集団であり、集まることそれ自体を目的とした帰属集団ではない。しかし、あくまでもその活動は、「コミュニティの共同生活」というインフォーマル・セクターの営みを可能にするために実施されるのである。

社会システムのコアには「最後の共同体」としての家族という帰属集団が存在し、その限界を補完するようにコミュニティが包むことでインフォーマル・セクターが形成されている。こうしたインフォーマル・セクターの周辺を、ボランタリー・セクターがその限界を補完するように包んでいる。

政治システムの民主主義を有効に機能させるために、社会システムを活性化させる必要があるといっても、それはインフォーマル・セクターよりも、ボランタリー・セクターの活性化を重視せざるをえない。というのも、家族やコミュニティなどのインフォーマル・セクターの自発的協力が、拡大する市場経済の競争原理に浸食され縮小してしまっているからである。

人間の生命活動は、家族やコミュニティの協力原理による相互扶助や共同作業という「愛」で包まなければ存続できない。そうした問題認識に立てば、縮小しつつある家族やコミュニティというインフォーマル・セクターの外側に、協力原理で相互扶助や共同作業を担う組織を創り出そうとすることが必要なのである。それがボランタリー・セクターだといってよい。

もちろん、ボランタリー・セクターが活性化すれば、インフォーマル・セクターにおける帰属集団の人間的紐帯《ちゅうたい》も強まる。こうして、社会システムが活性化すると、それによって民主主義も有効に機能するようになるのである。

民主主義を下から機能させる

生活の「場」としての社会システムで、人間の生命活動としての生活を存続させるために、社会の構成員が自発的に協力して実現する機能は、二つある。一つは社会の構成員が生きるために、相互に助け合う相互扶助機能である。もう一つは、社会の構成員が共同の困難を解決するためになされる共同作業という機能である。インフォーマル・セクターでは、家族にしろ、コミュニティにしろ、相互扶助機能も共同作業も区分することなく、包括的に実施される。

ところが、機能集団で構成されるボランタリー・セクターでは、機能目的によって、相互扶助を目的とする機能集団と、共同作業を目的とする機能集団とに区分される。

相互扶助を目的とする機能集団とは、そこに帰属する構成員が相互に助け合うことを目的として組織された機能集団である。こうした相互扶助を目的とした機能集団の典型は、協同組合である。国際協同組合同盟(International Co-operative Alliance)の定義によれば、協同組合とは「共同的に所有し、民主的に管理する事業体を通じて、共通の経済的・社会的・文化的なニーズと願望を満たすために、自発的に結びついた人びとの自治的な結社」とされている。

これに対して共同作業を目的とする機能集団は、機能集団の構成員以外のニーズを充足しようとする「他助組織」である。日本でいえばＮＰＯ(Non-Profit Organization)ということになる。

一九九八年に制定された日本の特定非営利活動促進法では、特定非営利活動法人の活動を「不特定かつ多数のものの利益の増進に寄与することを目的とするもの」と定義している（第二条一項）。

新自由主義の「政府縮小―市場拡大」戦略が世界史の表舞台に君臨するようになると、その一方でボランタリー・セクターのアソシエーションを活性化して、政治システムによる社会統合機能を高めようとする動きが台頭してくる。一九世紀以来のアソシエーション運動の伝統のあるヨーロッパ大陸諸国では、新自由主義のアングロ・アメリカンモデルに対抗する「ヨーロッパ社会経済モデル」が追求されていく。フランスでは協同組合運動、共済運動、アソシエーション運動の連絡委員会の結成をふまえて、一九八〇年に社会的経済憲章を採択する。さらに一九八一年には社会的経済財団が、一九八三年に社会的経済振興機関が創設されていく。

ボランタリー・セクターのアソシエーションは、インフォーマル・セクターの相互扶助や共同作業に代替して対人社会サービスを提供するようになる。イタリアでも一九六〇年代にはアソシエーションとして生成した社会的協同組合が、政治システムからの委譲により対人社会サービスを供給するようになる。

スウェーデンでも、一九八〇年代から子どもをもつ親たちが組織する協同組合が、保育サービスを地方自治体の財源で運営するようになる。さらに、重度障害者が組織する自立協同組合も、専門介護者をパブリック・セクターの財源で雇用して運営するようになる。しかも、スウェーデンでは、一九九〇年代になると、労働組合員を構成員とする労働者協同組合が設立される。こうした労働者協同組合は、作業療法、理学療法サービスなどを含む保健・医療サービス、さらに歯科サービス、ホームヘルプサービス、知的障害者のデイケアなどの福祉サービスを提供するようになる。

そうなると逆に、「政府縮小—市場拡大」戦略で公共サービスを縮小するために、アソシエーションが利用される危険がある。社会システムとしてのアソシエーションの提供する対人社会サービスは、あくまでも社会システムの自発的協力をグラス・ルーツ(草の根)とするものでなければならない。政治システムを縮小するための財源の代替として上からボランタリー・セクターを利用することは許されない。ボランタリー・セクターの活性化も、グラス・ルーツによって下からの運動として推進されるものであり、政治システムによる上からの強制ないし要請であっては、民主主義は有効に機能しない。

スウェーデンの国民運動は、社会システムのボランタリー・セクターにおける組織化運動だといってよい。国民運動によってスウェーデンのボランタリー・セクターは活性化していく。もちろん国民運動は、社会システムでの組織化運動なので、無報酬で協力原理にもとづいて推進される。この国民運動は一九世紀後半の大不況から抜け出していく過程で、国民が自発的に展開した禁酒運動、自由教会運動、それに国民教育運動として巻き起こった国民運動に源流があり、それらがボランタリー・セクターのアソシエーションを発展させていった。

スウェーデン政府は民主主義のために、誰もが少なくとも一つのアソシエーションに加入してほしいと国民に呼びかけている。ただし、それはあくまでも強制ではなく、国民の自発的行動でなければならないとスウェーデン政府は訴える。だが実際には、スウェーデン国民はたった一つどころか、平均すると三つのアソシエーションに加入している。

民主主義は上から振って降りてはこない。社会の構成員が、共同の困難に常に関心をもって、その問題を認識し、解決するために生活者として行動しなければ、民主主義は機能しないのである。

財政を機能させる

市場社会は、財政という民主主義のもとに運営される経済によって統治されている。したがって、民主主義を有効に機能させるためだけではなく、財政を有効に機能させるためにも社会システムの活性化が必要である。社会システムが活性化していて、民主主義が有効に機能していれば、財政は社会システムの構成員の生活を保障するために、公共サービスを有効に提供することができる。

そうした公共サービスに必要な租税についても、その構成員の共同意思決定による合意形成で決まる。もし、そのように決定された租税が高いというのであれば、社会システムの自発的協力を高めて、租税の負担を低めるしかない。しかし、そうした選択もそこで生活を営む社会の構成員の共同意思決定で決められることになる。

生活保障に必要な財源についても、社会の構成員の民主主義にもとづく合意によって調整することができる。すでに述べたように、財政は人間の生命活動に必要な経済活動の前提条件、つまり社会的インフラストラクチュアを整備しなければならない。しかし、コロナ・パンデミックで思い知らされたように、財政は社会システムにおける人間の生命活動のためには、経済システムを制御して、社会統合を果たしていかざるをえないのである。

「参加社会」か、「観客社会」か

市場経済の領域が拡大してくれば、社会システムにおける自発的協力の領域が小さくなるのは当然である。衣料でも食料でも、家族内での加工作業を必要としない完成品が多くなる。しかも、家族内の無償労働を代替する洗濯機や掃除機も市場から購入できるようになる。コミュニティにおけるコミュニケーションや共同作業を代替するように、自動車、ラジオ、テレビ、それに情報手段なども市場から購入できる。それによって生活時間はタイム・セービングされ、自由時間は増大する。

しかし、社会システムでの生活時間が節約できても、節約するための消費財を市場から購入するために、労働時間が増加してしまう。かねてより、日本では「ワーク・ライフ・バランス」の重要性が叫ばれてきたが、それは労働時間が長すぎて、生活時間が短すぎる生活様式が定着してしまっているからである。

ところが、スウェーデンの日常的な食生活を眺めると、原材料しか購入しない。家族が協力して食事を準備し、家族で食事を楽しむ。家族で協力して後片づけをする。そのこと自体が喜びだからである。

衣料に関する生活をみても、原材料しか購入しないことが多い。私の幼き頃には一般的だったように、子どもたちの衣類を親が織り上げていく。子どもたちも親の愛情に包まれた衣類を身にまとうことができる。親にとっては、子どもたちの身を愛で包む作業自体が喜びなのである。

住居に関する生活でも原材料しか購入しないことが多い。家具も市場からはパーツだけを購入し、それを家族などが協力して製作していく。家族では手に負えない作業は、それを得意とする隣人や友人が協力して行う。

スウェーデン住宅はパネル工法なので、パーツを購入し、家族が、さらには隣人や友人が協力して組み立てていく。住宅の内装や、外壁、水道管などの模範を要する作業は、国民教育運動の「学習サークル」に参加して学び合いながら修得する。そのうえで、家族や隣人、友人たちと共同作業で完成させていく。それが喜びだからである。もちろん、このように社会システムにおける相互扶助や共同作業が息づいていれば、生活費も節約され、労働時間も短くて済む。

日本の消費税にあたるスウェーデンの付加価値税の税率は二五％である。その高さが話題となるが、スウェーデンの生活に関わる活動が、極めて活発であることを忘れてはならない。生活に必要な財・サービスのうち、市場から購入するものは、極端にいえば原材料しかない。そのため付加価値税率が生活に与えるインパクトは、日本とは決定的に相違するのである。

こうしてみれば、スウェーデンの社会システムは、社会の構成員が生活者として行動する「参加社会」である。スウェーデンには、プロ・スポーツは原則として存在しない。サッカーもクラブ・サッカーは存在するけれども、プロになろうとすれば、海外のプロ・スポーツに参加するしかない。アイスホッケーもプロになろうとすれば、カナダやアメリカなどの海外で活動することになる。スウェーデンでスポーツを「楽しむ」といえば、スポーツを「する」楽しみのことをいうのである。

スウェーデンが「する」社会であり、「参加社会」だとすれば、日本は「観る」社会であり、「観客社会」である。日本で、スポーツを「楽しむ」といえば、プロ・スポーツを「観る」ことである。スウェーデンのスポーツ施設は、市民がスポーツをする場所であるが、日本で溢れているスポーツ施設は、市民が観客としてスポーツを楽しむ場所である。つまり、日本でスポーツを楽しむということは、市場でスポーツを観る機会を購入し、観客として楽しむことなのである。

音楽も、日本では市場で購入して楽しむ。スウェーデンで音楽を楽しむといえば、自らピアノを弾き、バイオリンを奏でることである。もちろん、ヨーロッパの町の中心部には、音楽や演劇などを観客として楽しむ劇場や音楽堂がある。しかし、それも音楽を演奏者と一体となって創り出すという「する」楽しみなのである。

「参加社会」を成り立たせるもの

「参加社会」では共同の困難が生じれば、インフォーマル・セクターで解決しようとし、それが困難であればボランタリー・セクターが克服しようとする。ボランタリー・セクターでも解決不能であれば、財政が登場することになる。

スウェーデンの地方自治体は、教会をシンボルとした地域共同体であるコミューンに重ね書きするように成立している。教会をシンボルとした地域共同体では、どのようなサービスを地域社会の共同事業として教会が提供するのかは、地域社会の構成員が自己決定する。つまり、地域社会の構成員が自発的に組織した「信徒会の自治」によって決定されることになる。

こうした地域社会の共同事業を実施するために、地域社会の構成員は共同負担をする。それが教会税である。教会税は任意税である。

租税には二つのルーツがある。一つは、封建領主などが強制力によって徴収していた現物地代などの貢物が転化したものである。もう一つは、教会税という任意税が、強制力によって裏打ちされて転化した租税である。

ヨーロッパの地方税の多くは、教会税をルーツとして誕生している。それ故に地方税は社会の構成員が互いに負担し合う税といわれている。スウェーデンでは、教会税に上乗せするという形式で地方税が徴収されることによって、地方財政が成立するのである。

アメリカの経済学者ガルブレイス(John Kenneth Galbraith)が『不確実性の時代』で指摘しているように、「観客社会」では政治に関しても、あたかもスポーツを観客として楽しむかのように観てしまう。そのため、深刻な共同の困難が生ずると、自分たち自身の力で克服しようとせず、どこかに良きリーダーはいないかと探し求めることになる。

「参加社会」が共同の困難に襲われれば、社会の構成員が解決方法を考え、共同意思を決定する過程において、お互いの認識を確認し合いながら、合意形成していくしかない。つまり、民主主義を有効に機能させるしかない。そのほうが未来への選択に誤りが少ないということが、民主主義の理念なのである。

「観客社会」における民主主義への不信と絶望

家族という社会システムでの対立は「親和的対立」である。家族という共同体では、誰かが幸福になれば自分も幸福になり、誰かが不幸になれば自分も不幸になるという協力原理が機能する。そのため、家族という共同体の構成員の間では、誰もが誰もに対して幸福になることを願い合い、誰もが誰もに対して不幸にならないことを願い合っているという確信が存在する。家族内の対立が「親和的対立」となるというのは、そういう意味である。

子どもの将来をめぐって、親子間で意見が激しく対立した場合、親が古い考えに立っているなどと子どもは考えたりする。しかしながら、親はわが子が不幸にならずに幸福になることを願って発言しているのだろう、という確信が子どもにはある。それ故に家族内では、思いのたけの論争が可能となる。つまり、「親和的対立」であるが故に、「親和的論争」が実現する。

民主主義が有効に機能するためには、社会の構成員が熟議によって、相互変容を遂げ、合意形成していくことが必要となる。社会システムが活性化していれば、民主主義による合意形成に必要な「親和的対立」と「親和的論争」を可能にする精神的風土が培養されていく。社会システムのインフォーマル・セクターからボランタリー・セクターまで、「親和的対立」と「親和的論争」が積み上げられて、政治システムにおける共同意思決定が実現していくことにもなる。そうなれば、社会の構成員は自分が政治システムにおける統治者であることを自覚できる。逆に政治を観客として観ている立場に追いやられてしまうと、民主主義への不信と絶望が広がってしまうことになる。

第二次大戦後にいずれの先進諸国でも普通選挙権が確立するとともに、女性にも選挙権が認められ、大衆民主主義が実現した。ところが、イギリスの新世代の政治学者と呼ばれるコリン・ヘイ(Colin Hay)は、時の経過とともに多くの先進諸国で投票率が低下していく事実を明らかにしつつ、大衆民主主義に対する不信と絶望が広がっていくことを指摘している(『政治はなぜ嫌われるのか』)。

表3-1にみられるような投票率の低下現象から、先進諸国における民主主義に対する不信と絶望の度合を省察すると、興味深い事実が浮かび上がってくる。それは「参加社会」と認められるスカンジナビアの社会民主主義諸国と、「自由主義型市場経済」を信奉し、「観客社会」となっているアングロ・アメリカン諸国とが対照的な動きを示していることである。「参加社会」であるスカンジナビア諸国では投票率が高く維持され、低下現象が認められず、政治への不信や絶望が生じていないと考えられる。これに対して「観客社会」となっているアングロ・アメリカン諸国は投票率の水準が低く、実際に投票率の低下も顕著となっている。

表 3-1　OECD 諸国の投票率(1945–2005 年)

	最高投票率(年)	最低投票率(年)	変化率(%)
日本	74.7(1980)	44.9(1995)	29.8
イギリス	83.6(1950)	59.4(2001)	24.2
カナダ	75.4(1958)	54.6(2000)	20.8
フランス	82.7(1956)	60.3(2002)	22.7
アメリカ	62.8(1960)	49.0(1996)	13.8
ドイツ	91.1(1972)	77.8(1990)	13.3
イタリア	93.7(1958)	81.4(2001)	12.3
ノルウェー	85.4(1965)	75.0(2001)	10.4
デンマーク	89.3(1968)	80.6(1953)	△ 8.7
スウェーデン	91.8(1976)	77.4(1958)	△ 14.5

出所：コリン・ヘイ『政治はなぜ嫌われるのか』.

投票率の低下現象から民主主義への不信と絶望の度合を、ＯＥＣＤ(経済協力開発機構)諸国で順位づけると、民主主義を最も信頼している国はスウェーデンである。逆に民主主義への不信と絶望が最も高い国は日本なのである。

熟議にもとづくスウェーデンのコロナ対応

「パンデミック」はギリシア語の「すべて」を意味する「パン」と、「人びと」を意味する「デミア」に由来する。コロナ・パンデミックはすべての人びとを襲う歴史的悲劇となった。しかしそれ故に、単に悲劇に終止符を打って元の社会に戻るのではなく、この歴史的悲劇に学び、より良き社会のヴィジョンを形成しようと、世界中といってよいほど多くの政府が努力している。

ただし、コロナ・パンデミックという歴史的悲劇がおびただしい犠牲を出した以上、政治システムにおける政治のあり方が問われているのであり、民主主義そのものが問われているといってよい。社会システムが政治システムを包摂しているような「参加社会」であるスウェーデンでは、コロナ・パンデミックに対して政府の「規制・統制」による行動制限は最小限にとどめて、理性ある国民の責任ある行動に委ねるという持久戦略を、国民が選択した。この戦略は現在では隣国もWHO（世界保健機関）も評価しているが、当初、高齢者特別住宅において高齢者の生命を守り抜けなかったこともあり、世界のメディアから激しい批判を浴びせられた。

もっとも、尊い生命の犠牲を出したことを、最も悔恨しているのはスウェーデン国民である。それ故、スウェーデン国民が下から連帯することで、長い歳月をかけて成功と失敗を繰り返しながら築いてきた、自らの誇りである福祉国家に致命的な欠陥があったのではないかと自己批判している。コロナ・パンデミックの投げかけた問題を分析し、試行錯誤を重ねながらも問題解決の道を見出して、新しき人間的社会建設のヴィジョンを生み出そうとしている。もちろん、「参加社会」であるスウェーデンでは、国民一人ひとりが学び合い、熟議を通じて近づき合いながら、連帯して新しい社会ヴィジョンを築いていく。

「強い社会」というヴィジョンの構想

こうして二〇二〇年九月の国会において、社会民主労働党のロヴェーン(Kjell Stefan Löfven)首相は、新しい社会ヴィジョンの実現を目指す予算案を提出することになる。ロヴェーン首相は目指すべき新しい社会ヴィジョンを、「強い社会」の新たな構築として打ち出している。

ロヴェーン首相はスウェーデン国民に、スウェーデンは世界で最も安心して老いることのできる国ではなかったのか、スウェーデンは子どもたちへの就学前教育を世界に誇ってきたのではないのか、と問いかけている。こうして「強い社会」のヴィジョンでは、スウェーデンが誇りとしてきた高齢者ケアと育児という福祉サービスを、世界最高の水準にすることが目指されている。

しかも、誇るべき高齢者ケアにしろ、育児サービスにしろ、質の劣化が露呈してしまったのは、福祉サービスの従事者の労働条件が低水準であったことに重要な要因があると分析している。そのため、福祉サービスや医療サービスの労働条件の改善を急務として取り組み、従事者の雇用拡大を訴えている。スウェーデンでは、二〇二〇年にEUで最も低い失業率を実現するはずだったが、コロナ・パンデミックに見舞われて、ギリシアやスペインに迫る高さにまで失業率が悪化してしまった。「参加社会」となっているスウェーデンでは、国家は社会システムである家族のように組織化されなければならないとする「国民の家(folkhemmet)」という政策理念が定着している。そのため「国家」が「社会」と区別なく使用されている。「国民の家」という政策理念は、一九二九年の世界恐慌の大惨禍のもとで、社会民主労働党として政権の座についたハンソン(Per Albin Hansson)首相の打ち出した政策ヴィジョンに由来する。家族の中では、「誰もが家族のために貢献したい」と願っている。国家も家族と同様に組織されていると構想すれば、「国民の誰もが国民のために貢献したい」と願っているということになる。

ところが、世界恐慌で巷《ちまた》には失業者が溢れている。失業は「国民のために貢献したい」という国民の切なる願いを残酷にも打ち砕く非道となる。こうした国民の願いを成就させるために、失業を解消することが、「国民の家」としての国家の使命となる。

こうした「国民の家」の理念から、福祉分野で雇用を創出することによって、「国民のために貢献したい」という国民の願いを叶えようとした。福祉分野は、社会システムでの人間の生活を支える社会環境を改善するからである。福祉とともに雇用創出分野として位置づけられているのが、環境である。それは、社会環境と自然環境の破壊による根源的危機に対処するためだといってもよい。

しかし、コロナ・パンデミックの歴史的教訓に学べば、福祉サービスも環境サービスも、「量」とともに「質」の確保が求められる。「質」の確保には当然、労働条件の改善が要請される。それとともに、「質」の高さには、人間的能力の向上が求められる。福祉分野や環境分野に人的資源を投入するとしても、「質」の高い人間的能力を発揮するための再訓練・再教育という教育サービスが必要となる。

そもそも「強い社会」のヴィジョンとは、「人生を再調整できる可能性」の高い社会と説明されている。それはスウェーデンのパルメ(Sven Olof Joachim Palme)首相が教育大臣を務めていた一九六八年に提唱して以降推進してきた、人生のやり直しが利くリカレント教育を強化することを意図している。つまり、「誰でも・いつでも・どこでも・ただで」の原則のもとに、教育・訓練の再整備を基軸にして、「人生を再調整できる可能性」の高い「強い社会」を構想したのである。

熟議と連帯というプロセス

こうしてみてくれれば、スウェーデンの「強い社会」というヴィジョンは、コロナ・パンデミックという歴史的経験から、人間の社会の価値体系の最上位に人間の生命を位置づけ、人間の社会を再編成しようとするヴィジョンだということができる。そうした改革理念にもとづいて、人間の生命が活動する社会システムの強化を基軸として、社会システム、政治システム、経済システムの再構成を意図していたのである。

しかし、ここで着目しなければならないことは、こうした社会ヴィジョンが形成されるプロセスにある。人間の歴史では、必ず結果にプロセスが含まれる。新しい社会ヴィジョンを、社会システムから疎外された政治システムが上から構想する場合と、社会システムの生活者の自発的運動によって下から構想する場合とでは、結果は決定的に相違する。スウェーデン国民はコロナ・パンデミックという外在的危機の経験に、国民一人ひとりが学び、熟議を通じて近づき合いながら、連帯して新しい社会ヴィジョンを築こうとしている。

実際、ロヴェーン首相は新しい社会ヴィジョンを形成するにあたり、すべての政党に「連帯社会構築のヴィジョン」を提出することを求めている。政治システムを社会システムに埋め込むスウェーデンの「国民の家」のモデルは、グローバル化した市場経済によって階級分裂が激化してしまい、崩壊の危機に瀕していた。そうした崩れつつある「国民の家」が、コロナ・パンデミックに襲われる。ロヴェーン首相がすべての政党に「連帯社会」のヴィジョンを求めたのは、新しいヴィジョンを構想するにしても、それを国民諸階級の合意形成のもとに実現したかったからである。

人間不在の「新しい資本主義」のヴィジョン

日本でもコロナ・パンデミックという歴史的悲劇を抜け出す過程で、新しい社会ヴィジョンが打ち出されている。それが岸田内閣の掲げる「新しい資本主義」というヴィジョンである。この「新しい資本主義」のヴィジョンでも、市場万能的な新自由主義からの転換を叫んでいる。新自由主義的な政策が市場に依存しすぎたために、格差や貧困が拡大し、なおかつ経済の停滞も生じている。しかも、市場が自然に負荷をかけすぎたために、気候変動問題が深刻化し、さらに「分厚い中間層」が衰退したために、健全な民主主義が危機に陥っていると指摘されている。

こうした新自由主義的な経済政策が生み出した様々な弊害を乗り越え、持続可能な経済社会を求める動きが歴史的なスケールで始まっている。「新しい資本主義」のヴィジョンは、「成長と分配の好循環」を創り出すことによって、こうした歴史的スケールで始まっている動きを主導するヴィジョンだと唱えられている。

「成長と分配の好循環」が市場に依存するのではなく、「官」と「民」が全体像を共有し、協働する「官民連携」が説かれている。「官」とは、すべての社会の構成員が統治すべき「公」である政治システムを、社会の構成員に代わり、実質的に統治する者という意味だと思われる。「民」も「タミ」と読めば、社会システムにおける生活者という意味になるが、ここでは「ミン」と読んで、経済システムにおける「民間企業」という意味だと思われる。そのように考えると、コロナ・パンデミックの教訓から、社会システムにおける生活者としての国民の存在の重要性を、嫌というほど認識したにもかかわらず、そうした認識が欠如しているのではないか。

それは市場万能主義が生み出した弊害の解決を、社会の構成員の共同意思決定つまり民主主義に委ねるという発想に結びついていないことをも意味する。政治システムを実質的に動かす「官」と、経済システムを実質的に動かす「民」との連携に、国家の運営を委ねるというのであれば、それは重商主義政策である。

重商主義とは、経済システムと政治システムが分離する、近代社会が成立する以前の絶対主義国家が採った経済政策である。つまり、社会の構成員の共同意思決定としての民主主義にもとづいて運営される財政が成立する以前の、国家の政策である。そうした絶対主義国家の打ち出した重商主義政策とは、「国家をビジネスのように運営する(run the state like business)」という政策だったのである。

国家を企業のように運営しようとする重商主義の合言葉は、「殖産興業」や「富国強兵」である。こうした重商主義のもとでは、人間は生命活動を営む生活者としては見なされなくなる。人間は「殖産興業」や「富国強兵」のための手段だと認識される。つまり、人間一人ひとりがたった一つのかけがえのない生命をもつ尊い存在だとは認められなくなってしまうのである。

人間は人口ではない。人間はいつ人口になってしまったのかといえば、それは重商主義の時代にだといってもいいすぎではない。一六九〇年に刊行されたウィリアム・ペティ(William

Petty)の『政治算術』でも、国家の富と力は、国民の数と性格にもとづくと理解している。人口という概念は、人間をかけがえのない生命ある存在としてではなく、没個性的に把握する。それは人間を労働力や兵力を担う手段だと理解するからである。

人間を「手段」とするか、「目的」とするか

人間の社会は「人間を目的とする」社会でなければならない。ところが、人間の社会が「人間を目的とする」社会ではなく、「人間を手段とする」社会になると、人間は人口になってしまう。つまり、人間は人口として統制・管理する対象と見なされる。しかし、コロナ・パンデミックは「人間を手段とする」社会に未来がないことを明らかにした。人間の生命を守るためには、人間を手段とする活動を停止せざるをえなくなったからである。

「新しい資本主義」のヴィジョンでも、新自由主義を批判して、「人重視の資本主義」が唱えられ、「人への投資」の重要性が打ち出されている。しかし、その「人」とは「目的」としての人間なのか、「手段」としての人間なのかを問えば、「手段」としての「人重視」であり、「手段」としての「人への投資」に思えてならない。

私たちはコロナ・パンデミックの経験から、人間の社会で最も大切にしなければならない価値は、人間の生命だということを学んでいる。そのため市場万能主義の新自由主義が打ち砕い

てしまった、人間と自然とが「生」をともにする絆と、人間と人間とが「生」をともにする絆とを、人間の生命が躍動するように再創造することが求められている。そうだとすれば、人間の生命のために「人間を目的とする」社会をデザインするヴィジョンが求められていると考えるべきである。

確かに、「新しい資本主義」のヴィジョンでも、環境問題が重視されている。しかし、それは人間の生命のためというよりも、「成長戦略」としての環境問題が強調されている。スウェーデンの「強い社会」のヴィジョンでは、雇用創出分野として環境と福祉が位置づけられていたが、「新しい資本主義」のヴィジョンで重点の置かれている分野は、環境とデジタルだと認められる。

デジタルも「人間を目的とする」社会では、人間と自然との絆、人間と人間との絆を強める方向で導入されるけれども、「人間を手段とする」社会では、人間を人間の社会から排除する方向で導入されてしまう恐れがある。「人間を手段とする」社会では、人間はコストと見なされてしまうからである。「人間中心の資本主義」を唱道する「新しい資本主義」のヴィジョンが、コロナ・パンデミックに学んでいるとすれば、生活者としての「人間中心の資本主義」でなければならないはずである。

実態をともなわない「成長と分配の好循環」

「新しい資本主義」のヴィジョンは、「成長と分配の好循環」を創り出すことによって実現されると唱えられ、新自由主義と相違して公正な分配の必要性が強調されている。とはいえ、公正な分配を実現するために、「民主主義による経済」である財政の所得再分配機能を強化することは、明示的には触れられてはいない。

公正な分配の実現のために強調されているのは、賃金の引き上げである。もちろん、市場社会では、賃金は要素市場である労働市場で決定される。ところが、第二次大戦後の福祉国家のもとでは、強力に組織化された労働組合が強い影響力を発揮する労使関係の賃金交渉によって決定されていた。そうした強力な労働組合による市場支配力が市場の効率性を歪めるとして、その力を弱体化させるように労使関係を改めることこそ、新自由主義政策の神髄だったといってもよい。

「新しい資本主義」のヴィジョンでは、こうした新自由主義の政策を採らずに、企業の経営者に賃金の引き上げを要請している。しかし、前述のように、財政の所得再分配機能を強化して、公正な分配を実現することは強調されていない。

『21世紀の資本』の著者であるトマ・ピケティ(Thomas Piketty)など、多くの研究者が指摘するように、分配の格差が深刻化している重要な原因の一つに、租税や社会保障負担という公的負担が、賃金所得にあまりにも過重で、資本所得にあまりにも軽課《けいか》されているという事実がある。「新しい資本主義」のヴィジョンでは、賃金の引き上げに応じた企業には税制の優遇措置を適用することで、賃金の引き上げを推進するとしている。

しかし、賃金を引き上げれば、それだけ利潤は減少し、利潤に課税される租税負担は低下する。それにもかかわらず、さらに租税負担を優遇するということは、資本所得への軽課を強化して、逆再分配になるといわなければならない。

もっとも、「新しい資本主義」のヴィジョンが打ち出した希望の未来戦略は、金融所得への課税の強化であった。つまり、資本所得への課税によって、財政の所得再分配機能を強化する意図がなかったわけではないと認められる。ところが、国境を越えて資本が自由に飛び回っている資本市場から、ただちに資本を国外に逃避させると恫喝されて、金融所得への課税の強化は放棄せざるをえなくなったのである。

「成長と分配の好循環」とは、すでに述べたように、第二次大戦後に福祉国家体制によって実現された「黄金の三〇年」と讃美される時代状況にほかならない。こうした「成長と分配の好循環」は、重化学工業化のもとで、財政が資源配分機能、所得再分配機能、経済安定化機能という三つの機能を発揮して、経済システム、社会システム、政治システムを適切に統合した結果である。このように財政の三つの機能を遺憾なく発揮させた国家を、「福祉国家」あるいは「ケインズ的福祉国家(the Keynesian Welfare State)」と呼んでいる。

しかし、第二次大戦後の福祉国家体制を実現させた重化学工業は衰退産業となり、国外へとフライトしている。現在ではサービス産業や知識集約産業が基軸産業となっている。このように産業構造が転換している時に、失われた時の「成長と分配の好循環」を惜しむかの如くに求めても意味がない。

しかも、資本が鳥の如くに飛び回るために、格差と貧困が溢れ出し、「新しい資本主義」が認識しているように、中間層が没落し、民主主義も危機的状況にある。未来への選択を問う時に、民主主義が危機的状況にあることは深刻な事態である。未来への選択は民主主義にかかっているからである。

知識社会のインフラストラクチュアとしての教育

「成長と分配の好循環」を実現した「ケインズ的福祉国家」は、前提としていた国際経済秩序が崩壊し、基盤としていた重化学工業を基軸とする工業社会が行き詰まってしまい、機能不全に陥った。しかし、市場社会でハンドルの役割を果たす使命が財政にあるとすれば、「ケインズ的福祉国家」の財政を、「ポスト工業社会」へと導く財政に改革しなければならない。そうした問題意識から、かつて私は「ケインズ的福祉国家」を「シュンペーター的ワークフェア国家」へと転換することを主張したのである(拙著『人間回復の経済学』)。

こうした構想は、ポスト工業社会が、知識集約産業やサービス産業というソフト産業を基軸産業とする知識社会であることを想定している。経済とは、人間が自然に対して働きかける活動である。工業社会では、働きかけるための手段である機械設備が、経済活動に決定的な意義をもっていた。しかし、知識社会では、働きかける主体である人間そのものが決定的意義をもつことになる。しかも、人間が発揮する能力という観点からいえば、筋肉系統の能力よりも、情感も含めた人間の神経系統が重要となるのである。

重化学工業を基軸とする工業社会から、知識集約産業やサービス産業を基軸とする知識社会へと移行していくとすれば、経済システムが機能するための前提条件である社会的インフラストラクチュアを、財政は張り替えなければならない。

工業社会の社会的インフラストラクチュアは、機械設備の延長線上に位置づけられるエネルギー網や交通網であった。ところが、知識社会の社会的インフラストラクチュアは、人間の神経系統の能力の延長線上に位置づけられる知識資本の蓄積を支援することとなる。知識資本は、個人的な知的能力と社会的関係資本という二つの要素から構成されている。したがって、この二つの要素から構成される知識資本の蓄積を支援することこそ、知識社会の社会的インフラストラクチュアということになる。

第一の個人的な知的能力を高めるための支援とは、教育である。ただし、その教育とは工業社会の教育とは相違する。知識社会では、工業社会のように標準化された反復訓練によって身につける能力や、標準化された知識を強制的に詰め込まれて獲得できる能力は、必要とされなくなってしまうからである。問題の所在を認識する能力とともに、認識した問題を創造的に解決していく能力が知識社会では必要とされる。それは人間が人間として生きていくための能力を修得することを意味するといってもよい。というのも、人間が生きていくうえで遭遇する問題を認識し、それを解決していく能力を身につけることになるからである。

このことは知識社会の教育が、人間を人間として成長させるという本来の教育を必要としていることを意味する。それは労働を担う手段としての人間を育成する教育とは、一線を画すことになる。なぜなら、知識社会が要求する「量」を「質」に置き換える人間的能力とは、どのような能力なのかは、現段階では未知だからである。したがって、それぞれの人間が、かけがえのない人間的能力を開花させていくしかない。

そうだとすれば、知識社会では、学校教育と労働とが有機的に関連づけられて、人間が人間的能力を成長させていけるように、学校教育と成人教育が体系的に結合されていかなければならないことになる。学校教育で身につけた能力を、労働を通して人間的能力として高め、さらに学校教育あるいは成人教育に戻り、より人間的能力を高めて再び労働に戻る。こうした循環が形成されている必要があるからである。

このような「やり直し」の利く教育体系が、知識社会の社会的インフラストラクチュアの基軸をなすことは間違いない。しかし、それは人間が人間として成長していく社会を形成することが、知識社会における経済システムに対する社会的インフラストラクチュアになることを意味していることを忘れてはならない。

人間が人間として成長するための「学び直し」

知識資本による個人的な知的能力への支援とは、人間が人間として成長することに対する支援だということが、第二の社会的関係資本の支援に結びつく。というのも、人間が人間として成長するためには、他者との絆を築いていくことが必要だからである。

本来の教育とは「学び合う」過程であり、人間は学び合うことによって自己変革を遂げていく。しかも、知識社会の要求する創造力は、学び合う絆にもとづく協力行動から生み出されていく。知識社会の経済システムは、こうした協力行動から生まれる知識の創造による絶えざる技術革新で推進されていくことになる。

前述したように、「新しい資本主義」のヴィジョンでも、遅ればせながらとはいえ、新自由主義を批判しつつ、「人への投資」を打ち出している。しかし、「人重視」といっても、「手段」

としての「人重視」となっているため、人間を人間として成長させる知識社会の社会的インフラストラクチュアを整備する視点から教育体系を整備するという発想は乏しい。

確かに、「新しい資本主義」でも学び直しのできる教育を訴え、リスキリング(新しい働き方に向けて、新しい技術を身につけること)を唱えている。しかし、その内容を眺めれば、これまで企業内で進めてきた自己啓発の支援拡大という程度にしかみえてこない。一九七三年にOECDが発表した「リカレント教育——生涯学習のための戦略」の提唱すら軽視されているといわざるをえない。「リカレント教育」とは「すべての人に対する、義務教育終了後、または基礎教育終了後の教育に関する総合戦略」であり、その本質的な特徴は、「個人の生涯にわたって教育を行うというやり方、すなわち他の諸活動と交互に、特に労働と、同時にまたレジャーおよび隠退生活とも交互に教育を行うことにある」と定義されている。

繰り返しになるが、知識社会における経済システムへの社会的インフラストラクチュアは、生涯にわたって「他の諸活動と交互に」行き来して学び続けられる教育体系なのである。つまり、「誰でも・いつでも・どこでも・ただで」の原則のもとに、「生涯学習のための戦略」が実現する教育体系を整備する必要があるのだが、「新しい資本主義」のヴィジョンには、それを見出すことができないのである。

こうした知識社会における社会的インフラストラクチュアとしての教育サービスは、同時に社会システムに対する社会的セーフティネットの機能を果たすことに注目しなければならない。つまり、すべての社会の構成員に教育サービスの提供を保障することは、知識社会の労働市場への参加を保障することであり、社会システムで営まれる生活を保障することになるからである。

対人社会サービスの充実と地方自治体の役割

一般的に、ワークフェアとは「就業するための福祉」と定義されている。しかし、ここでは広く、社会システムが相互扶助や共同作業として、無償労働で提供し合ってきた福祉という意味で使用している。したがって、ワークフェアには、教育や再訓練・再教育のサービス給付だけではなく、育児や高齢者ケアという福祉サービスと、医療サービスが加わることになる。こうした対人社会サービスを、すべての社会の構成員に対して、財政が無償で公共サービスとして提供すれば、「現物給付による所得再分配」となることは容易に理解できるはずである。「シュンペーター的ワークフェア国家」とは、後に提起された「社会投資国家」や「社会サービス国家」と軌を一にする概念である。

家族や地域社会での相互扶助や共同作業の代替として提供される対人社会サービスは、人びとに身近な政府である地方自治体が担うことになる。対人社会サービスは地域社会で営まれている人間の生活実態に合わせて提供される必要があるからである。

現在、資本が国境を越えて自由に動き回ることによって、「現金給付による所得再分配」が機能不全に陥っている。しかし、それと相違して、地方自治体の「現物給付による所得再分配」は機能不全に陥ることはない。

そもそも地方自治体は、境界を管理しない入退自由なオープン・システムの政府である。そのため地方財政では、所得再分配機能は果たしえないとされてきた。ある地方自治体が貧困者に対する現金給付を手厚くすれば、その地域社会には貧困者が流入してくることになる。もちろん、現金給付の財源を調達するために、富裕者に高い租税負担を求めれば、富裕者は他の地域社会へと流出してしまい、地方財政は破綻してしまう。

そのため富裕者に重い負担を迫る能力原則にもとづく租税は、境界管理をする国税に設定され、地方税には利益原則にもとづいた、ほぼ所得に比例するような負担を求める租税が設定される。したがって、地方税を増税すると、すべての地域社会の構成員の負担が高まることとなる。

すでに述べたように、地方自治体の提供する対人社会サービスは、富裕者であろうと、貧困者であろうと差別することなく、ユニバーサルに提供されなければならない。こうした対人社会サービスを充実させようとすれば、富裕者であろうと、貧困者であろうと、負担を引き受けなければならない利益原則にもとづく地方税を増税することになる。どんな地域社会を望むのかを、地域住民が共同意思決定を通じて決めればよいのである。

対人社会サービスを基軸とする公共サービスによって生活が可能となる社会にするのか、租税負担を低くして対人社会サービスを自己責任に委ねる社会にするのか。すべての地域社会の構成員が平等な権利をもって、そうした選択に参画することができるはずである。

自己責任には二つの方法がある。一つは家族や地域社会の相互扶助や共同作業を活性化させることによって、対人社会サービスを充足する方法である。もちろん、それは地域住民が無償労働によって対人社会サービスを担う方法である。もう一つの方法は、対人社会サービスの分配を市場に委ねることである。そうすると対人社会サービスが所得に応じて分配されてしまうので、貧困者には分配されない事態に陥ってしまう。

スウェーデンの地方自治体は、公共サービスとして対人社会サービスしか提供しないといってもいいすぎではない。しかも、スウェーデンの地方税は比例的所得税しかないといってよい。つまり、比例的所得税の高い地域は、対人社会サービスが充実しているが、低い地域は対人社会サービスが充実していない。そうすると、富裕者は税率の低い地域社会を選び、貧困者は税率の高い地域社会を選ぶ。貧困者にとって公共サービスとして対人社会サービスが提供されていたほうが、生活が保障されるからである。

協力原理で下から民主主義を積み上げる

このように考察してくれば、人間の未来を民主主義に委ねて切り開く展望がみえてくる。それは民主主義を生活の「場」である地域社会から活性化することである。知識社会を動かしていくための経済システムに対する社会的インフラストラクチュアも、社会システムに対する社会的セーフティネットも、地域社会の民主主義によって整備可能となるからである。つまり、知識社会の生産の「場」は、地域社会という生活の「場」を民主主義で再創造することによって、創造していくことが可能なのである。

そうだとすれば、民主主義を地域社会から泉のように噴き出させ、未来を方向づけていくことが可能となるはずである。つまり、地域社会の内部で人間と人間との協力の絆を形成して、地域社会の民主主義を活性化させる。そうした民主主義で活性化した地域社会の間で、民主主義的な協力関係を生み出して、広域の地域社会を形成する。そうした広域の地域社会が協力関係を生み出して国民国家を成立させていくというように、民主主義にもとづく協力原理を下から上へと積み上げる必要がある。

いまや国民国家で競争している場合ではなく、環境問題にしろ、国際的に動き回る資本への課税問題にしろ、国民国家間の協力が求められる問題が山積みになっている。しかし、競争原理を社会のいたるところで広めながら、国民国家レベルで突然、協力を求めたとしても、それには限界がある。むしろ大地から湧き出るように、下から協力原理を積み上げ、人間の生命への尊厳を取り戻すための民主主義を実現することが重要だと思われる。

協力原理で積み上げられた民主主義によって統合される国民国家が形成されてこそ、国民国家間の協力が可能となる。そのような国民国家間の協力によって織り上げる国際秩序は、民主主義にもとづく財政が有効に機能できる秩序でなければならない。人間の未来は民主主義に委ねられなければならないからである。

第4章　人間の未来に向けた税・社会保障の転換

――いま財政は何をすべきか

人間の生命活動を支える帰属所得

財政の基本的機能として、防衛、司法、警察など純粋な公共財を提供することが挙げられる。こうした外敵からの防衛や社会秩序のための強制力は、政府を政府として存立させるための条件であることは間違いない。しかし、その財政の基本的機能はとりもなおさず、生産要素に私的所有権を設定して保護し、市場経済を機能させるための公共サービスだったのである。

市場社会では、市場経済が機能する前提条件を財政が整備しさえすれば、人間の生命活動は保障されると考えられてしまう。というのも、社会システムで生命活動を営む主体としての家族は、生産要素を所有しているからである。土地や資本を所有していなくとも、家族は少なくとも労働を所有している。そのため経済システムにおいて、家族は生産要素の生み出す要素サービスを供給する主体として登場し、生命活動を維持するための所得を稼得できるからである。

労働市場で働けば、所得が稼得できるのにもかかわらず、生命活動が困窮に陥るのは、怠惰などの個人的要因によるものと、市場社会では見なされてしまう。もちろん、労働市場で働きたくても、働けない者もいる。そのため「小さな政府」を目指した市場社会の生成期には、救貧給付の対象は、そうした働けない者に限定されることになる。一八三四年のイギリスにおける救貧法改正でも、救貧給付の対象は障害者や高齢者などの労働能力がない者に限定し、労働力のある者に対しては、労役場《ろうえきじょう》に収容して苛酷な労役を課したのである。

このように市場社会では、労働能力さえあれば生命活動が市場経済からの所得によって可能となるので、労働能力のない者に対して公的扶助を給付するだけで充分だと認識されていた。そうした考えの背後には、社会システムにおける家族や地域社会における相互扶助や共同作業によって、生命活動が保障されるという想定があった。しかし、一九世紀後半になって市場経済の基軸産業が軽工業から重化学工業へと移行するとともに、景気変動が激しくなり、貧困や格差が溢れ出ると、生命活動が困難に陥る困窮は、怠惰などの個人的要因によるものだと嘯《うそぶ》くわけにはいかなくなる。つまり、要素市場における所得分配のあり方が問われることになり、貧困や格差は市場社会の構造的要因が生み出す社会問題だと捉えられていく。

こうした社会問題に対応するために、財政は要素市場での所得分配に介入すべきだとする「社会政策」が唱えられていく。一九世紀後半には社会政策として、租税における累進課税とともに、社会保険が誕生することになる。社会保険という現金給付が形成されてくると、公的扶助は社会保険がカバーしえない貧困に対応する現金給付という性格を帯びてくる。

このようにして、市場社会の政府は、強制力にもとづく秩序維持を使命とする「小さな政府」から、国民の生活保障を政府責任として引き受ける社会国家、あるいは福祉国家と呼ばれる「大きな政府」へと転換していく。しかし、そうした政府責任としての生活保障の基軸は、社会保険という現金給付だと認識されていた。それ故に第二次大戦後の福祉国家も、「社会保険国家」だと見なされていくのである。

とはいえ、社会保険も市場社会では、要素市場での所得分配を保障しさえすれば、人間の生命活動としての生活は保障できるという理念に裏打ちされていたといってよい。正確に表現すれば、要素市場のうち労働市場で分配される賃金所得を保障しさえすれば、生活保障が可能だと考えられていたといってよい。

というのも、社会保険とは正当な理由で賃金所得を喪失した時に、政府が市場の外側で賃金所得代替の現金給付を行う制度だからである。つまり、失業して賃金所得を失えば失業保険が給付され、高齢退職によって賃金所得を失えば年金という社会保険が給付されるのである。

しかし、賃金所得が保障されたとしても、人間の生命活動としての生活が保障されるわけではない。そのことを、コロナ・パンデミックの教訓として学ぶ必要がある。つまり、すでに触れたように、エッセンシャル・ワーカーと呼ばれる人びとが担っていた対人社会サービスの存在を忘れてはならない。それは、かつての社会システムの相互扶助や共同作業が担ってきたサービスの、「変形的(transforming)」あるいは「付加的(additional)」なサービスだと考えることができる。

市場社会における人間の生命活動は、貨幣所得で購入する財・サービスだけでは充足されない。家族や地域社会の相互扶助や共同作業という「帰属所得(imputed income)」が必要となる。生きていくための食事を考えても、食材を市場から購入するだけではなく、家族内での無償労働によってそれらを加工して、口にできるものにする必要がある。家族内での無償労働が豊かであれば、つまり、帰属所得が豊かであれば、貨幣所得は少なくても、生命活動は充足されるのである。

逆に相互扶助や共同作業による帰属所得が少なければ、貨幣所得があったとしても、人間の生命活動が困難に陥る場合がある。そうした場合には、賃金所得代替の現金給付によって生活保障を図るのと同時に、帰属所得代替の現物給付で生活保障を企図する必要が生じるのである。

「社会保険国家」から「社会サービス国家」へ

市場社会では、生産の「場」である経済システムと、生活の「場」である社会システムとが分離していて、社会の構成員の誰もが、経済システムで生産活動に参加し、社会システムにおける家族や地域社会で生命活動を営んでいる。しかし現実には、経済システムに参加せず、社会システムで生命活動のみを営んでいる構成員もいる。労働能力を身につけていない年少者や、労働能力を失っている高齢者などである。

市場社会では労働市場で働きさえすれば、生命活動を維持することが可能だといっても、労働市場に参加する労働能力のない年少者や高齢者は、生命活動に必要な貨幣所得を得ることができない。しかも、年少者も高齢者も他者の支援なしには生命活動すら営めない状態に陥っている。そのため、そうした者は家族内の相互扶助や共同作業によって扶養されていくしかない。もちろん、生命活動を維持するために必要な貨幣所得も、労働能力のある現役世代の家族に依存することになる。そうなると喪失した賃金所得を社会保険で保障するといっても、家族扶養を可能にする所得保障が必要となる。

ところが、重化学工業を基軸とする工業社会から、サービス産業や知識集約産業を基軸とするポスト工業社会へと移行するにともない、家族や地域社会の相互扶助や共同作業の機能は急速に衰退していく。無償労働で相互扶助や共同作業を主に担ってきた女性も、労働市場へと参加するようになるからである。そうなると、賃金所得代替の現金給付である社会保険では、生活保障は困難となる。貨幣所得よりも帰属所得が急激に減少していくからである。それは現金給付とともに、相互扶助や共同体代替の現物(サービス)給付が生活保障に不可欠になってきたことを意味している。こうして「社会保険国家」から「社会サービス国家」への転換が叫ばれるようになる。

現金給付と現物給付の役割

「社会保険国家」から「社会サービス国家」への転換を念頭に、社会保障の給付体系を整理すると、図4-1のようになる。現金給付は賃金所得代替給付の社会保険と、生活保障給付の

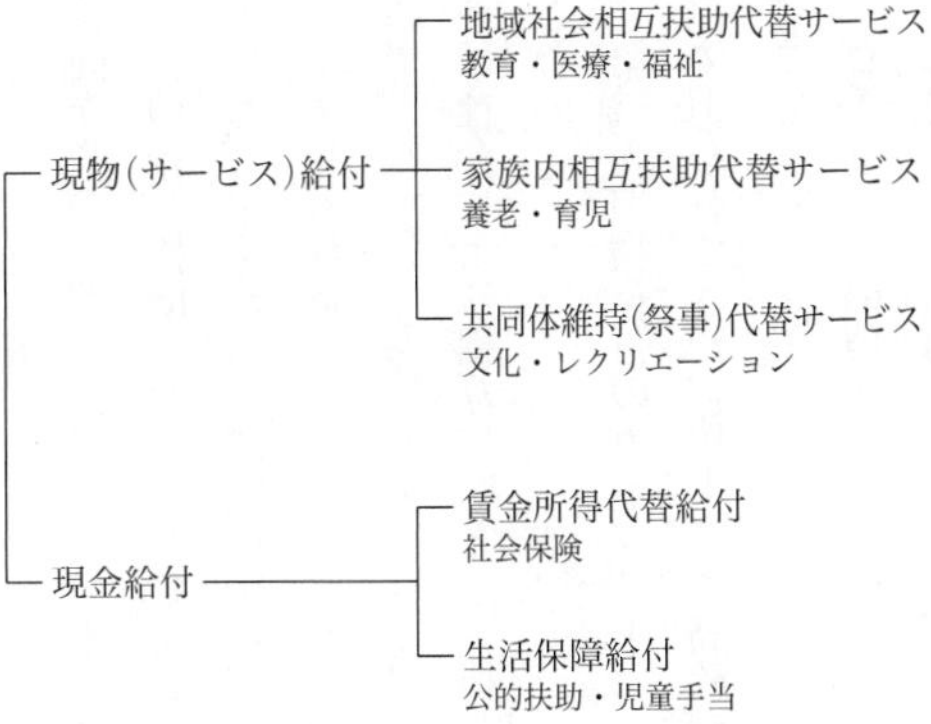

図4-1　社会保障の給付

公的扶助・児童手当がある。公的扶助は理念的にいえば、現役世代で賃金所得が稼得できない者などに対する最低生活保障としての現金給付である。児童手当は賃金所得を稼得する労働能力のない年少世代の生計費、つまり「衣」と「食」の経費を保障する現金給付である。

公的扶助も児童手当も、生活保障給付は租税を財源とする。そもそも賃金所得のない年少世代に、賃金を失った時の代替給付である社会保険は利用できない。ところが、高齢世代への現金給付の場合は、現役世代の時に稼得していた賃金所得を高齢退職という正当な理由で失ったと認め、その賃金所得代替給付として年金という社会保険で給付される。

これに対して現物(サービス)給付は、社会システムである家族や地域社会による相互扶助や共同作業の代替給付である。それは、ヨーロッパでいえば、教会などをシンボルとして、地域社会の相互扶助として担われてきた現物給付の代替給付である。社会システムの相互扶助といっても、早くから専門職の手に委ねざるをえなかった医療と教育は、家族の手から離れ、地域社会の相互扶助として実施されていた。福祉に関しても、日本における悲田院《ひでんいん》(身寄りのない貧困者や孤児などを救うためにつくられた施設)のような立地点サービス、つまり施設サービスは、地域社会による相互扶助として担われていく。これが社会保障の現物給付の第一のカテゴリーとなる。

第二の現物給付のカテゴリーは、家族内相互扶助代替サービスである。それは家族の無償労働で担われてきた、年少者や高齢者へのケアを代替する育児サービスや高齢者ケア・サービスである。

ヨーロッパの現状を理念化すれば、地域社会相互扶助代替サービスのうち、医療サービスは日本でいえば道府県にあたる広域自治体が担い、教育サービスは日本でいえば市町村にあたる基礎自治体が担っている。地域社会相互扶助代替サービスの福祉も、家族内相互扶助代替サービスの育児や高齢者ケアも、その現物給付は基礎自治体が担っている。施設サービスや配達サービス、在宅サービスなども、基礎自治体の使命となると考えてよいのである。

第三の現物給付のカテゴリーは、共同体の構成員が自発的に凝集力を強めるために催してきた、地域社会の行事である祭事などの代替サービスである。こうした祭事などの準備過程が、地域社会の相互扶助や共同作業に結びつく。もっとも、社会保障を狭く考えれば、このカテゴリーは文化政策となる。逆に広く考えると地域社会が共同作業で実施してきた生活環境整備も入ってくる。日本では、住宅政策は社会保障とは考えられていないが、ヨーロッパでは社会保障として認識されている。

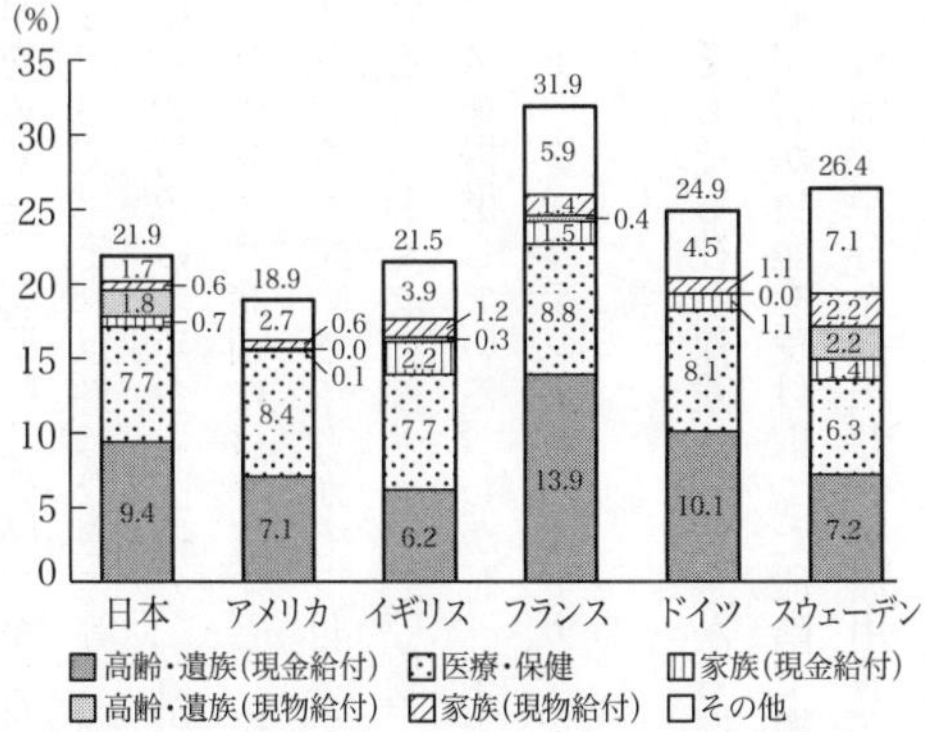

出所：OECD, 'Social Expenditure-Aggregated Data'. 高端正幸・埼玉大学大学院人文社会科学研究科准教授作成.

図 4-2　公的社会支出の国際比較(2015 年, 対 GDP 比)

「社会保険国家」となっている日本

社会保障の給付体系を整理したうえで、日本の社会保障の給付体系の実態を国際比較の視点から示すと、**図4-2**のようになる。この図をみれば、そもそも日本の社会保障給付は、先進諸国でもアメリカとともに低いことがわかる。しかも、それだけではなく、社会保障給付の中身をみると、「高齢・遺族（現金給付）」つまり老齢年金と、「医療・保健」の二つの分野に集中していて、それ以外はなきに等しい水準でしかない。つまり、国際比較でみた日本の社会保障給付の特色は、年金と医療の二分野に集中していることにある。

ヨーロッパ諸国に目を移すと、いずれも「年金」と「医療」とそれ以外が社会保障給付の三本柱になっている。しかも、日本では「年金」も「医療」も社会保険で提供していることに注意をしておく必要がある。「医療」についていえば、ドイツとフランスも社会保険で医療サービスを提供している。しかし、イギリス、スウェーデン、デンマーク、ノルウェー、アイスランド、アイルランド、ポルトガルなど多くのヨーロッパ諸国が租税で医療サービスを給付している。

そもそも社会保険は、賃金から拠出される。事業主が賃金を支払う段階で拠出されるか、被雇用者が賃金を受け取った段階で拠出されるか、あるいは日本のように、事業主が賃金を支払う段階で半分を拠出し、被雇用者が賃金を受け取った段階でもう半分を拠出するという相違はあるが、社会保険は賃金から拠出されることに変わりはない。それは社会保険が、失業や高齢退職などという正当な理由で、賃金を失った時に、賃金代替の所得保障として給付される現金給付だからである。

スウェーデンで介護保険といえば、祖父母あるいは両親の介護のために、職務を休職した際に失う賃金所得の代替として給付される現金給付をいう。介護サービスという現物給付は、施設サービスも在宅サービスも、基礎自治体が租税を財源として給付する。

一方、日本では、医療も介護も現物給付を社会保険で行っているといわれている。しかし、社会保険では現金給付しかできない。医療サービスも介護サービスも、日本では市場価格で提供し、その市場価格の一定割合について社会保険で現金給付をしているにすぎないのである。

それは所得保障としての現金給付である社会保険を、費用保障としての現金給付に改めたことになる。医療サービスも介護サービスも、市場価格に統制が加えられている。したがって、医療保険も介護保険も統制価格に対する費用保障となっている。医療でいえば、統制価格の七割を社会保険で負担し、三割を利用者が負担するといった具合である。

これに対して年金は、賃金代替の所得保障の現金給付として、日本に限らず社会保険で運営される。例外的にデンマークが租税を財源として年金の給付を行っている。日本の社会保障に占める年金のウェイトは高く、エスピン・アンデルセン(Esping-Andersen)によると、日本はオーストリアやイタリアとともに「年金者国家(pensione state)」だとされている(Esping-Andersen, G., 'Welfare State at the End of the Century'. 訓覇法子『アプローチとしての福祉社会システム論』一〇頁、二五四―二五五頁)。

日本の社会保障給付が、年金と医療に集中しているという特色は、とりもなおさず日本の社会保障が所得保障の年金と、費用保障の医療保険という二つの社会保険でほぼ成り立っていることを意味している。つまり、日本は社会保障を社会保険に集中させた「社会保険国家」なのである。

現物給付の少ない日本

図4-2で日本がごくわずかしか給付していない、「高齢・遺族(現金給付)」と「医療・保健」以外の社会保障給付をみると、「家族(現金給付)」がある。これは年少者に対する生活保障給付としての児童手当という現金給付である。もちろん、そもそも賃金所得を稼得していない年少者には、社会保険は適用できず、租税を財源とするしかないはずである。

「家族(現物給付)」は年少者に対する育児サービスであり、「高齢・遺族(現物給付)」は介護サービスを含む高齢者ケア・サービスである。こうした年少者や高齢者へのケアとしての現物給付は、主として女性が家族内の無償労働で担うべきだとする保守的思想の強いドイツなどでも高くはない。しかし、「高齢・遺族(現物給付)」についても、日本はスウェーデンと比べると見劣りがする。

年少者への育児サービスである日本の「家族(現物給付)」は、著しく小さい。スウェーデンと比べれば、一桁小さいし、ドイツやフランスと比べても、半分程度にすぎないのである。

「その他」には現金給付も、現物給付もあるが、重要なのは「積極的労働市場政策」としての「再訓練・再教育」の現物給付である。もちろん、これは、労働能力のある現役世代が現役として労働市場に参加できるようにする現物給付である。こうした現役世代への現物給付も、日本の社会保障では小さいのである。

「全世代型社会保障」の光と影

このように、日本の社会保障は社会保険に集中している。国際的にみても「社会保険国家」から「社会サービス国家」へ転換することが叫ばれ、アンソニー・ギデンス(Anthony Giddens)が「社会保険国家」から「社会投資国家」へと転換することを唱えていることを考えても、日本の社会保障の抜本的改革が喫緊の政策課題として浮上してくるはずである。

実際、日本において社会保障の抜本的改革が進められようとしている。日本の社会保障はライフサイクルでみて世代間に不公平を生じさせているという認識のもとに、「全世代型社会保障の構築」がその抜本的改革のヴィジョンとして掲げられている。岸田内閣は「新しい資本主義」とともに、「全世代型社会保障の構築」を謳い、「全世代型社会保障構築会議」を二〇二一年一一月に設けた。

「全世代型社会保障」とは「すべての世代を支援の対象とし、また、すべての世代が、その能力に応じて支え合う全世代型の社会保障」と唱えられている。このように「全世代型社会保障」が提唱されるのは、日本の社会保障が給付面でいえば、高齢者中心の給付となっているという現状認識があるからで、そうした「高齢者中心の給付を子育て支援にも充実」させるという改革が推進される。さらに負担面でいえば、「現役世代に偏った負担」となっているという現状認識があり、それを「全世代で能力に応じたものにする」改革が唱えられるのである。

社会保障はすべての社会の構成員を対象とするが、給付はニーズに応じて、つまり支援を必要とする者に給付される。したがって、ライフサイクルでみれば、支援を必要とする者の多い世代には、給付が多くなるのは当然である。実際、日本の社会保障の給付と負担を、世代別に示した**図4-3**でみると、給付は扶養世代である高齢世代と年少世代で高くなり、現役世代で低くなっている。

この図4-3には狭義の社会保障だけではなく、教育サービスも含まれているため、年少世代の社会保障給付も高くはなっている。とはいえ、年少世代に対する「子ども・子育て支援」という社会保障給付が、高齢世代への社会保障給付と比べて見劣りすることは間違いない。したがって、「年少世代」への「子ども・子育て支援」を充実させていくのは、日本の社会保障改革の最重要課題だといっても間違いない。

「全世代型社会保障」では、「子ども・子育て支援」が「少子化対策」として位置づけられて

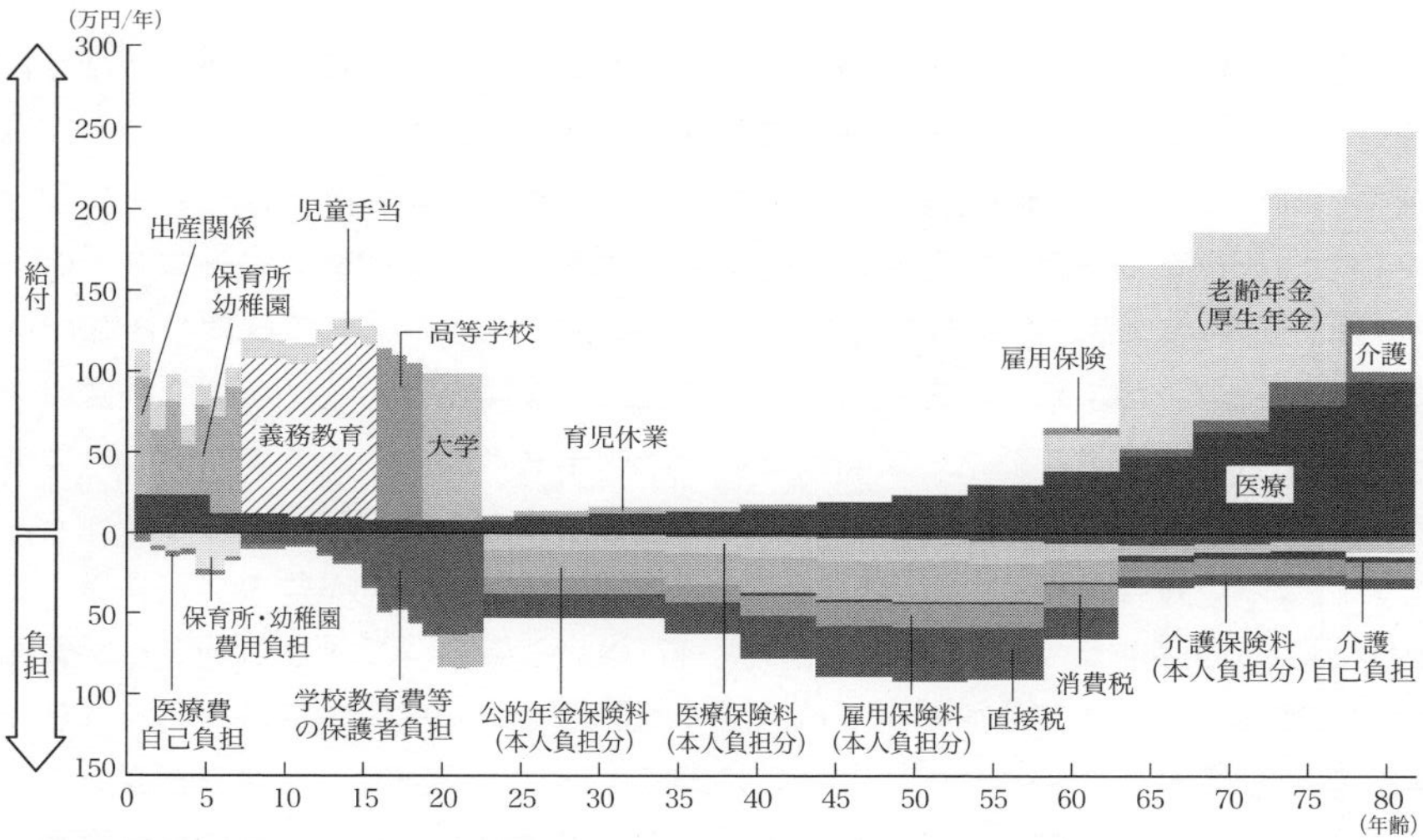

出所：各種統計をもとにした厚生労働省による推計.
注：2017 年度(データがない場合は可能な限り直近)の実績をベースに 1 人当たりの額を計算している.

図 4-3　ライフサイクルでみた社会保険および保育・教育等サービスの給付と負担のイメージ

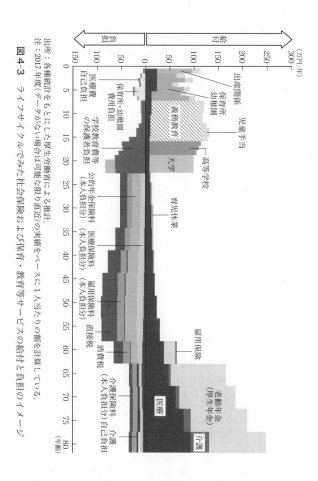

いることもあって、それは現役世代への社会保障給付と位置づけられているように思える。子育ては現役世代によって担われているからである。しかし、このことは高齢者の扶養でも同様である。高齢者の扶養を支援する給付は、高齢者を扶養している現役世代への給付なのである。

年少世代も高齢世代も、労働能力が乏しい世代は、社会として扶養していかなければならない。したがって、その扶養を年少者や高齢者を抱えている家族が担うのか、社会保障という社会の共同事業で担うのかという相違があるにすぎない。社会保障という社会の共同事業で扶養しないのであれば、それぞれの家族で現役世代が扶養していかなければならない。

スウェーデンでは年少世代の扶養も高齢世代の扶養も、財政が社会の共同事業として責任を負うとされている。もちろん、誰もが子どもたちの養育をし、親たちをケアすることで幸福になることを願うけれども、それを社会の共同事業として支援し、最終的な責任は社会の共同事業が負うと考えられている。そうしたスウェーデンにおける財政の給付と負担を図4-4で世代的にみると、日本よりも年少世代も高齢世代も、社会保障給付は手厚いことがわかる。

その要因は、すでにみたように「家族(現物給付)」と「高齢・遺族(現物給付)」の高さにある。図4-4でいえば、「保育サービス等」や「介護医療サービス」に表示されている。しかも、教育支出にいたっても、スウェーデンはGDP比で日本のほぼ二倍にあたる公的支出を誇っているのである。

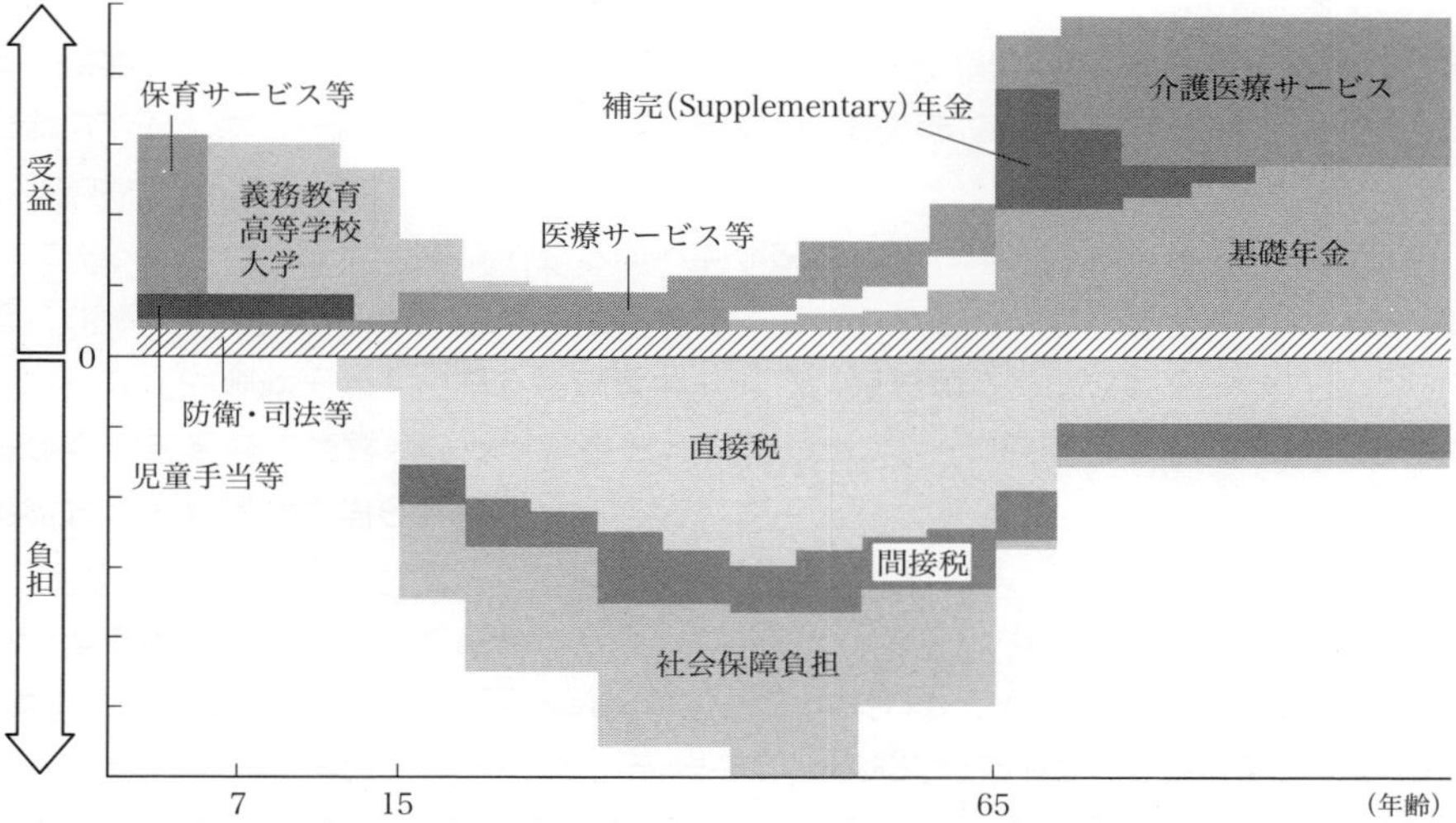

出所：Sören Häggroth, Kai Kronvall, Curt Riberdahl, Karin Rudebeck, *Swedish Local Government: Traditions and Reforms*, Svenska Institutet, 1999.

図 4-4　スウェーデン財政の世代別租税負担と給付

「全世代型社会保障」で「高齢者中心の給付」とされているのは、「高齢者三経費」と呼ばれる「年金・医療・介護」である。「全世代型社会保障」改革とは事実上、「高齢者三経費」だけではなく、「子ども・子育て支援」をも充実させるということを意味している。そこにはライフサイクルという座標軸があるものの、現金給付と現物給付という座標軸はない。しかも、「高齢者三経費」がすべて社会保険で運営されている点については、改革の視野外に置かれていることも指摘しておかなければならない。

現物給付なき高齢者福祉の悲劇

日本の社会保障は「高齢者中心」で充実していると、「全世代型社会保障」では唱えられている。日本は「年金者国家」とまで呼ばれるように、高齢者の所得保障の年金についていえば、国際的に見劣りするどころか、むしろ高い水準にあるといってよい。だからといって、日本国民は、日本で安心して歳をとることができる社会保障に守られていると考えているかといえば、そうではない。

高齢者になった時の生活は年金だけでは無理だと、現役世代の国民は考えているようである。しかも、高齢世代の生活は公的年金にだけ頼るのではなく、現役世代の時の貯蓄を私的年金などとして高めることが政策的にも推奨されている。

私の青春時代には、高齢になって年金給付で生活するなどということは考えてもいなかった。私の祖母も家族と一緒に生活していたし、近隣の高齢者も、むしろ尊敬されながら、共同体的人間関係の相互扶助に抱かれて生活していたので、高齢者になった時の不安に脅えることもなかった。

ところが、家族や地域社会の相互扶助機能は急速に衰退してしまった。そうなると、家族内の相互扶助に代替する現物給付を提供する必要があったはずである。しかし、すでにみたように、日本の高齢者に対する現物給付は、ニーズを充足する水準にはないといわざるをえない。

日本の高齢者への保障は、所得保障の現金給付である年金が充実しており、年金で高齢者に対する生活支援サービス、つまり現物給付を市場から購入するということが想定されているといってよい。生活支援サービスを市場から購入するとなると、年金は賃金に比例するので、賃金の低い者は年金の所得保障だけでは生活保障とはならなくなってしまう。しかも、予期せぬ疾病や怪我というリスクに陥れば、「死」を覚悟しなければならないという不安に掻き立てられるのは当然である。

さらに、日本の社会保障は「高齢者中心」といっても、「年金・医療・介護」という「高齢者三経費」は、高齢者の所得保障の年金だけでなく、前述のように医療も介護もすべて社会保険で運営されている。医療や介護は現物給付だといわれるが、現物給付を社会保険で運営すると、医療サービスや介護サービスという現物給付を市場価格で提供し、その一部について社会保険で費用保障をすることになる。

このように高齢世代の扶養に市場メカニズムの活用が企図されると、結局のところ、富裕ではない高齢世代の扶養は、現役世代が家族内で担わざるをえなくなる。医療や介護など、その一部を費用保障されても、医療でいえば三割が本人負担として重くのしかかることになるからである。

しかも日本では、高齢者の生活支援を現役世代でも担えず、ヤング・ケアラーといわれるような年少世代が、高齢者ケアに従事するという悲劇が生じている。本人が社会保障給付で扶養されるべき年少世代が、高齢者の扶養をしている。こうした悲劇は、日本の社会保障が「高齢者中心」だといわれながら、その内実は「高齢者三経費」がすべて社会保険で賄《まかな》われており、現物給付が著しく不足していることに起因している。高齢世代の扶養を社会の共同事業として、財政が責任を担うとすれば、現金給付と現物給付をセットで給付して、高齢者の生活支援をする社会保障改革が必要なのである。

声なき声の民主主義

確かに、日本の年少世代の社会保障つまり「子ども・子育て支援」は、現金給付も現物給付も低い水準にある。しかし「全世代型社会保障」においても、子どもを社会保障の給付対象としながら、彼らを主体的な存在としてみていない。

「声なき声の民主主義」という言葉がある。これは年少世代の子どもたちには選挙権がなく、政治的発言権が与えられていないので、子どもたちの生活や成長を保障する社会保障に最も高い優先度が与えられなければならないという理念である。こうした理念から考えるのなら、社会の共同責任として子どもを扶養し、育む社会を築いていくためのヴィジョンは、「子どもたちを育てたいと思う社会」から、子どもを主体と捉えて、「子どもたちが育ちたいと思う社会」づくりへと、大きく転換しなければならない。

「声なき声の民主主義」という理念からすれば、子どもたちの「衣」と「食」を賄う生計費を保障する児童手当は、所得とは無関係に、すべての年少世代に給付されなければならない。もちろん、育児サービス、さらには教育サービスという現物給付も無償で、しかも子どもたちが利用可能な距離で保障されなければならない。繰り返すように、知識社会とも呼ばれるポスト工業社会では教育サービスについては、「誰でも・いつでも・どこでも・ただで」の原則のもとに提供される必要があるからである。したがって、就学前教育についても、無償で提供されるのは当然のこととなる。仮に利用者負担を設けるとしても、それは社会保険のように費用の一部負担をするのではなく、後述の所得比例で負担すべきことになる。

しかも、こうした現物給付の対象は、年少世代である子どもたちだということを忘れてはならない。子どもたちにはそれぞれかけがえのない個性があり、現物給付のニーズも子どもたちによって相違する。したがって、現物給付は子どもたちの望むサービスを、望む方法によって提供しなければならない。仮に子どもたちがそうした判断をする能力に欠けていたとしても、子どもたちを主体として、サービスを提供しなければならない。そのようにスウェーデンの社会サービス法では規定している。

子どもたちが育ちたいと思う社会へ

「全世代型社会保障」では、「子ども・子育て支援」として年少世代への社会保障を充実させていくことが唱えられている。しかしそれは、子どもたちを扶養し、教育して、人間を人間として育てていくことが、社会の共同責任だからだという理念にもとづいているわけではない。それはあくまでも「少子化対策」と位置づけられる。「少子化対策」は重商主義と同様に、人間を労働力や兵力という手段だと見なしていると考えられる。つまり、「少子化対策」とは「手段としての人間」が不足しているという認識のもとに、その「手段としての人間」を増加させるための「子ども・子育て支援」なのである。

「手段としての人間」を増加させる「子ども・子育て支援」は、人間存在の本質を見誤っているため、その目的である「手段としての人間」を増加させることにも失敗することは、火を見るよりも明らかである。個体維持本能と種族維持本能を備えた人間は、愛を求めて婚姻をし、愛を求めて子どもたちを育んでいく。労働力などの「手段としての人間」を増強するために婚姻をし、育児をするわけではないのである。

人間をかけがえのない人間として育てていこうとする政策と、「手段としての人間」を増強するための「子ども・子育て支援」とでは、その内容が大きく相違する。子どもたちが育ちたいと思う社会を築くことが、私たち社会の構成員の共同責任だとすれば、子どもたちが望む自然環境と社会環境を整備する視座が欠かせない。児童虐待や養育放棄は、子どもたちに幸福な社会環境を保障していないことを意味している。子どもたちが望む幸福を実現させるために、子どもたちが望む育児サービスや教育サービスが提供される必要がある。

しかも、年少世代の扶養に必要な育児サービスは、教育サービスと有機的に関連づけられなければならない。教育(education)とケア(care)を統合したエデュケア(educare)という言葉がある。これは一九九八年にスウェーデン政府がポスト工業社会の政策として生み出した、就学前教育と義務教育の前半において教育と育児を統合するという概念である。それは人間が生涯にわたって「学び合う」というポスト工業社会の「学びの社会」に参加する基盤形成なのである。

そうした発想は「少子化対策」からは生まれない。人間は個人としても社会的にも、主体性を育む「自己教育」で自己成長する。そうした自己成長をどのように支援するかという発想は、「少子化対策」からは発想されないからである。

租税負担の低い「小さすぎる政府」

日本の社会保障が高齢世代に集中していて、年少世代に手薄いという特色も、現金給付に集中していて、現物給付が手薄いという特色も、日本の社会保障が社会保険に依存しすぎているという事実の裏返しにすぎない。つまり、日本は依然として、「社会保険国家」のままなのである。

市場社会における政府は、「租税国家」と表現されるように、政府収入は原則として租税である。政府は社会の構成員の共同事業を、彼らの合意による共同負担である租税によって実施していく。租税は財政が社会の共同事業を実施するための共同負担であるが、社会の構成員の合意が成り立てば、強制的に調達されることになる。

ところが、一九世紀後半にプロイセンで社会保険が成立すると、強制的に調達される貨幣として、租税に加えて社会保険料が登場する。現在では租税に社会保険料を加えた公的負担を、「国民負担」と呼んでいる。しかし、社会保険料は「租税(tax)」ではなく、「拠出金(contribution)」であり、「社会保障拠出金」とも表現される。強制的に徴収される公的負担である租税と社会保険料との相違がどこにあるかといえば、まず租税が成立するためには三つの条件が必要となる。すなわち、強制性、無償性、収入性の三つである。

第一の強制性とは、政府が独占している強制力を背景にして、強制的に徴収されるという意味である。それは市場経済で貨幣の流れが、あくまでも自由意思にもとづくのとは対照をなす。

第二の無償性とは、租税は何の対価もなく徴収されるという意味である。市場経済では対価原則にもとづいて、貨幣を支払えば必ず反対給付が流れる。しかし、租税を支払っても、反対給付の請求権は生じないのである。

第三の収入性とは、租税は社会の共同事業を実施するための収入を目的として徴収されるということである。これに対して、交通違反の罰金などは、強制的に何の対価もなく徴収されるが、共同事業のための収入を目的とはしていない。それは違法行為などを抑制するための科料であり、租税ではないのである。

社会保険料は強制性があるが、租税の条件である無償性に欠けているので租税ではない。というのも、社会保険料には市場経済の対価原則のように、反対給付の請求権があるからである。年金の保険料を支払っていれば、年金給付の請求権がある。逆に強制加入であるにもかかわらず、保険料を支払っていなければ、年金でも、健康保険でも給付を受けることができない。

そうだとすれば、社会保険料は無償性である租税と、対価原則にもとづく市場価格との中間

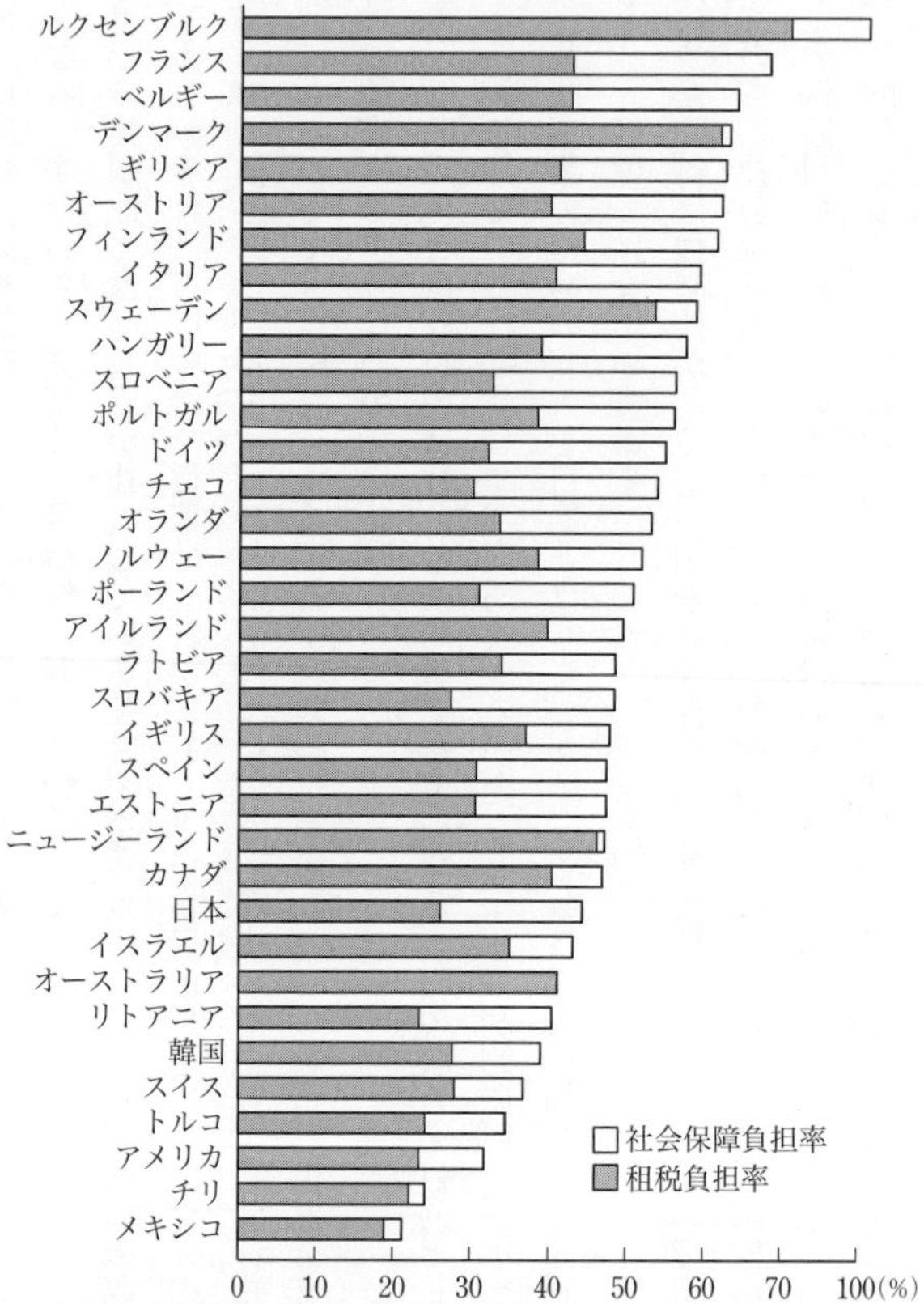

出所：財務省ホームページ．日本は内閣府「国民経済計算」など．諸外国はOECD, 'National Accounts', 'Revenue Statistics'.
注1：OECD加盟国37カ国中35カ国の実績値．チリは2015年，リトアニア，トルコは2017年，他は2018年の数値．
注2：日本は年度，その他の国は暦年．

図4-5 国民負担率の国際比較(OECD加盟35カ国)

形態ということができる。それ故に日本では無償性のある租税には抵抗が激しいのに対して、支払えば給付があるという社会保険が受け入れられていくことになる。

国民所得に対する租税収入の比率を租税負担率といい、国民所得に対する社会保険料収入の比率を社会保障負担率と呼んでいる。さらに租税負担率と社会保障負担率との合計を国民負担率と定義している。

国民負担率をＯＥＣＤ諸国で比較すると、**図4-5**のようになる。この図をみれば明らかなように、日本は国民負担率の極めて低い「小さな政府」となっていることがわかる。とはいえ、社会保障負担率をみると、日本は必ずしも低い国とはいえなくなってしまう。一方、租税負担率に目をやると、日本はＯＥＣＤ諸国で最も租税負担率の低いレベルにあるとさえ認めることができ、「小さすぎる政府」だといわなければならないのである。

このように租税負担率が低く「小さすぎる政府」となっているのは、国民が政府を信頼していないからである。民主主義が有効に機能し、国民の国民による国民のための政府となっていれば、国民は財政が自分たちの意思のもとに運営されていると認識するはずである。しかし、民主主義が有効に機能しないと、自分たちの意思とは無関係なところで財政が運営され、負担だけが押しつけられると考えてしまう。その結果、「小さすぎる政府」が形成されてしまうことになる。

低すぎる公的負担がもたらす苦しい生活

「全世代型社会保障」では、負担についていえば「現役世代に偏った負担」を「全世代で能力に応じたものにする」こととされている。「すべての世代」に「能力に応じた」負担を求めるのであれば、能力のある現役世代の負担が重くなり、能力の養成過程にある年少世代や、能力を喪失しつつある高齢世代の負担が軽くなるのが当然である。むしろ日本では現役世代への公的負担が少ないが故に、現役世代の私的負担が大きくなり、かえって現役世代の生活が苦しくなっていると考えるべきである。「全世代型社会保障」の主張のように、現在の租税と社会保険料という公的負担が、「現役世代に偏った負担」だと認識するのであれば、それは日本の租税負担が低すぎて、社会保険料の比重が高くなってしまっているからである。

金融資産所得や不動産所得など、財産所得から社会保険料が支払われることはない。失業しても、高齢退職しても、疾病にかかっても、財産所得は失われないため、所得を保障する必要がないからである。財産所得と相違して労働所得の性格がある個人事業所得の場合は、正当な理由で所得を喪失するので、社会保険の対象とされることになる。

このように社会保険料は現役世代の負担となる。もっとも前述したように、日本では所得保障の社会保険だけではなく、費用保障の社会保険もあるので、高齢世代も負担することがある。

とはいえ、社会保険料は「現役世代に偏った負担」であることには間違いない。

ところが、租税負担は違う。すべての世代が能力に応じて負担することになる。もちろん、ここでいう「能力」とは、「経済力」あるいは「経済的能力」である。高齢世代であっても、財産所得などの所得があり、経済力があれば負担する。つまり、租税は世代とは無関係に、すべての社会の構成員が能力に応じて負担するものである。

もっとも租税には、能力に応じて負担するという能力(応能)原則にもとづくものと、公共サービスによって受ける利益に応じて負担するという利益(応益)原則にもとづくものとがある。能力原則にもとづく租税では、所得の高い者は経済力が高いのでこれに対しては高い税率で高い割合の負担を求め、所得の低い者に対しては低い税率で低い割合の負担を求める。つまり所得に比例する負担(所得の高低にかかわらず一定の税率をかける負担)ではなく、所得に累進的な負担を求める租税となる。

一方、利益原則のもとで、公共サービスによって受ける利益というのは、公共サービスによって社会が成立していることでもたらされる社会契約説的利益である。アダム・スミス(Adam Smith)によると、そうした利益は社会の構成員の所得として表れる。したがって、利益原則にもとづく租税では、所得の高い者には高い割合で負担を求めるのではなく、所得の高い者にも低い者にも一定の税率が所得に比例して課税されることになる。

社会保険料でも応能負担と応益負担とがある。しかし、社会保険料でいう応能負担とは、所得に比例した負担をいい、応益負担とは、所得の多寡《たか》とは関係なく一人当たり同じ額、つまり一定額を負担することをいっている。

租税では、所得の高い者は経済力が高いので、所得の高い者に高い割合を求めることを「応能原則」といっている。しかし、社会保険料では、所得の高い者でも低い者でも経済力は同じだと考えて、同じ割合で負担を求めていると考えられる。したがって、租税では一定の税率のもと所得に比例する負担を応益負担としているのに対し、社会保険料では応能負担としている。社会保険料が応益負担としている定額負担については、アダム・スミスは最悪な負担だとして、そもそも租税としてはありえないと考えていた。しかも社会保険料では、豊かな者がより多く負担するという、租税でいうところの応能負担は想定されていないのである。

こうした社会保障負担と租税負担とをライフサイクルでみれば、前者は現役世代が負担し、後者は現役世代も退役世代である高齢世代も負担する。高齢世代でも財産所得があれば租税を負担するし、消費をすれば消費課税を負担するからである。とはいえ、現役世代の負担が租税負担でも高いことは間違いないのである。

先に掲げた図4-4で租税負担率の著しく高いスウェーデンのライフサイクルでみた公的負担を考察すれば、現役世代の公的負担が圧倒的に高いことがわかる。ところが、租税負担が著しく低い日本の公的負担を先の図4-3でみれば、確かに現役世代で高まっているが、スウェーデンなどと比べれば、緩やかに高まっている程度である。これをもって「全世代型社会保障」が指摘するような「現役世代に偏った負担」だとは、とうてい認めがたいものである。

もっとも、図4-3では年少世代が負担しているとされている消費税や「保育所・幼稚園費用負担」「学校教育費等の保護者負担」などの税外負担は、現役世代の負担と考えるべきである。そうだとしても、現役世代の公的負担は小さいといわなければなるまい。

共同事業のための共同負担の必要性

日本の国民負担率が低く、租税負担率が低すぎるということは、とりもなおさず現役世代が担わなければならない国民負担が低く、租税負担が低すぎることを意味する。しかしすでに指摘したように、それが現役世代の生活を豊かにしているかといえば、そうではない。それは年少世代の扶養・教育や高齢世代の扶養を、社会の共同事業として保障しようとする政策の弱さを示しているにすぎないからである。

現役世代の租税負担が低いということは、年少世代の扶養・教育や高齢世代の扶養の多くを、現役世代が家庭内で担わなければならないことを意味している。実際、日本では租税負担が極めて低いことを反映して、年少世代の負担とされている「保育所・幼稚園費用負担」「学校教育費等の保護者負担」などの税外負担が大きくなっている。

こうした税外負担も本来は現役世代の負担であるが、それは租税負担とはまったく意味が違う。税外負担には、市場経済と同様の対価原則が働く。つまり、現役世代の負担だとはいっても、子どもがいる現役世代では負担するけれども、子どもがいない現役世代は税外負担を負担することはない。市場原理が信仰されているアメリカでも、教育サービスは教育区が教育税によって提供している。しかし、教育税は子どもがいようといまいと住民が負担する。教育は社会の共同事業だと認識されているからである。

日本では、子どもたちが教育を受け成長することは、すべての社会の構成員のためになるという認識が乏しく、教育はその子どもの所得稼得能力を高めることにあると考えられている。そのため税外負担どころか、学習塾などに象徴されるように、市場から購入する教育サービスの負担が子どものいる家族に重くのしかかっている。

高齢世代の扶養も同様である。現役世代の租税負担が極度に軽いために、高齢世代の現物給付を社会の共同事業として財政が充分に提供できない。そのため高齢者を抱えている現役世代が、高齢者ケア・サービスを市場で購入するか、自ら無償労働で担うしかなくなってしまっている。高齢者ケア・サービスを租税で負担すれば、高齢者のいる現役世代も、高齢者のいない現役世代もともに負担して、社会の共同事業として高齢者を扶養していくことになる。租税負担を低くして、高齢者の扶養を家族の責任に委ねれば、高齢者のいる家族の現役世代の私的負担は高まるばかりである。

そうだとすれば、現役世代に負担が偏っているという認識のもとに、ライフサイクルからのみ負担の公平を考えるべきではないことになる。それは世代内の負担の公平が、視野の外に置かれてしまうことにもなりかねない。したがって、社会保障を含む社会の構成員が決定した社会の共同事業を行うためには、すべての社会の構成員が能力に応じて負担し合う共同負担を追求していくべきなのである。

「小さな政府」の逆進性

国民負担率が低いというだけではなく、あまりにも租税負担率が低いという日本の財政の負担構造は、社会保障の給付が年少世代に手薄いという歪みをもたらしているだけではない。工業社会からポスト工業社会への移行にともない、「社会保険国家」という福祉国家から、「社会サービス国家」あるいは「社会投資国家」というポスト福祉国家への転換が叫ばれている時に、そうした構造改革が進んでいないどころか、歴史の後ずさり現象まで起こしていることを示している。

そのような状況をコロナ・パンデミックが襲うことによって、人間の生命活動が根源的危機に晒されてしまったということができる。そのため社会の構成員が社会の共同事業によって、人間の生活を支え合っていくことができる方向へと、財政を改革していくことが喫緊の課題となったのである。

そうした方向へと財政を機能させようとすると、国民負担率が低く、あまりにも租税負担率が低すぎる財政の負担構造に、改革のメスを入れることが必要不可欠となる。というのも、国民の誰もが協力して国民の生命活動を支え合っていこうと願っていても、そうした願いを実現できるような負担構造になっていないからである。

それは社会の共同事業を支え合う共同負担が量的に低いというだけではなく、社会の構成員の能力に応じた負担構造になっていないからである。国民は国民の共同事業のために共同負担に応じたいと願い合っていても、その負担が国民の能力に応じた公正な負担になっていなければ、共同負担の水準は引き上げられていくはずがない。逆に人間の生命活動を支え合っていく社会の共同事業のための共同負担が、能力に応じた公正な負担となっていれば、国民は国民の願いである共同事業のために、共同責任を果たそうと負担し合うはずである。

すでに述べたように、「能力に応じた負担」でいう「能力」とは、経済力である。経済力とは何かということについては、誰もが漠然とではあれ認識している。それは「お金持ち」という概念である。「お金持ち」としての重要な要素は、要素市場の取り引きで生ずる所得である。

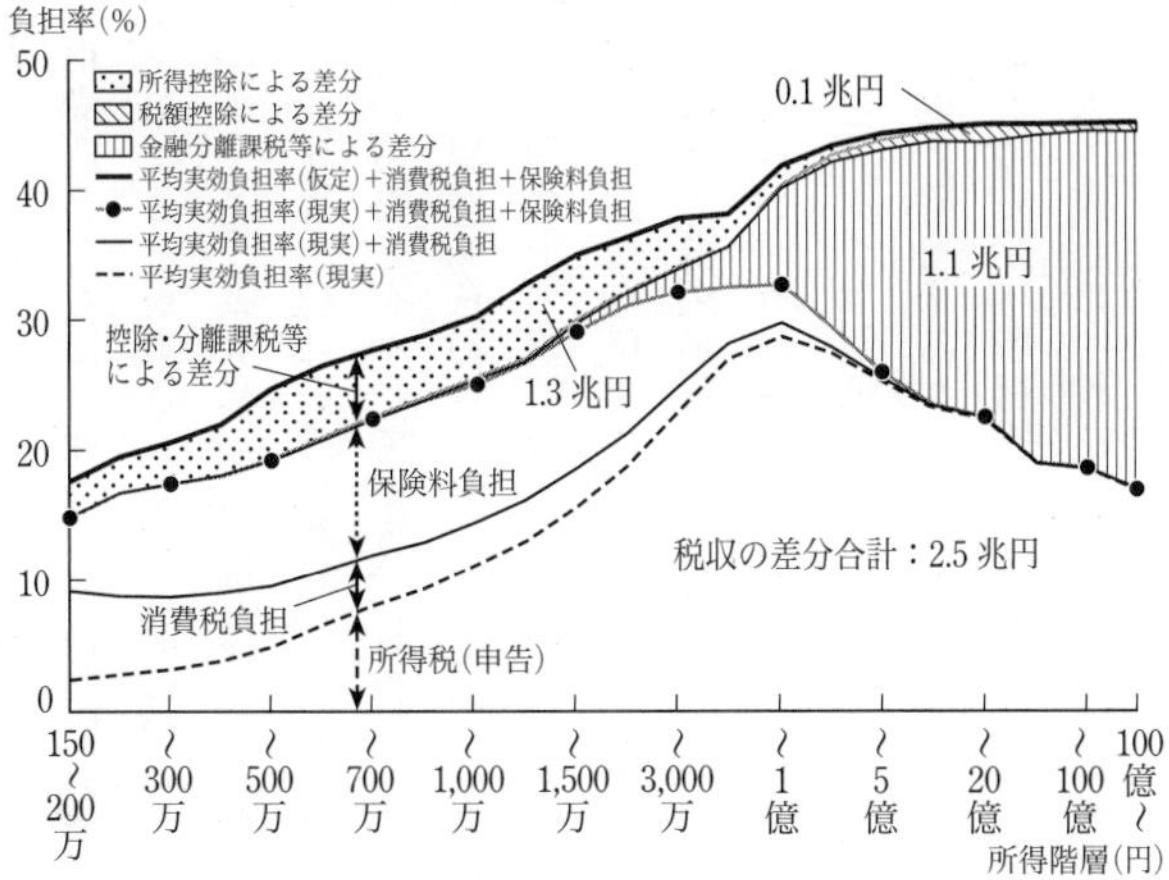

出所：熊倉誠和・小嶋大造「格差と再分配をめぐる幾つかの論点――人的資本蓄積と税・社会保険料負担の観点から」財務省財務総合政策研究所『フィナンシャル・レビュー』第134号，2018年7月．国税庁「申告所得税標本調査」(2014年)，総務省「全国消費実態調査」(2009年)．
注1：申告所得税の平均実効負担率は，国税庁「申告所得税標本調査」(2014年)にもとづく．
注2：保険料および消費税の負担率は，総務省「全国消費実態調査」(2009年)の個票データに2009年11月現在の制度を適用することで，各所得階層の平均負担率を算出している．所得階層が1億円以上の保険料および消費税に関しては，5000万円以上1億円未満の保険料および消費税で固定している．

図4-6　所得階層でみた税・社会保険料の負担構造

実際、租税負担も社会保障負担つまり社会保険料も、要素市場で所得が生産された段階か、所得が分配された段階か、所得が支出された段階かのいずれかの段階で、所得から支払われることになる。

そこで財務省財務総合政策研究所の熊倉誠和主任研究官と京都大学経済研究所の小嶋大造准教授の共同研究論文で作成されている**図4-6**をみられたい。この図には日本の租税体系の基幹税である所得税と消費税、それに社会保険料の所得階層別の負担が示されている。所得税と消費税という二つの基幹税の負担構造とともに、社会保険料の負担構造が示されているので、日本の公的負担が所得階層別にどのように負担されているかについて、おおよその見当をつけることができる。

図4-6をみると、所得税と消費税という二つの基幹税に社会保険料を加えた共同負担の合計を示す最上位にある太線は、所得が高くなれば、負担もより高くなるという累進的負担となっていることを示している。しかし、これは現実の負担ではなく、理念上の負担である。なぜなら、累進的負担をもたらしている所得税が、「平均実効負担率(仮定)」と表示されているように、理念上の負担を示しているからである。

税額は課税標準に税率を掛けて算出する。所得税であれば、課税標準である所得額に累進税率を掛けて税額が算出されるため、税額は累進的負担となるはずである。

ところが、所得税では所得額から控除される所得控除がある。所得控除は大きく二つに区分できる。一つは最低生活費免税という原則にもとづく、基礎控除、配偶者控除、扶養控除という人的控除である。もう一つは、財産所得には重く、勤労所得には軽く、という差別性の原則にもとづく給与所得控除である。給与所得控除が給与所得を算定する際に控除されるのに対して、人的控除は所得を合算して累進税率を適用する際に控除される。

こうした大きく二つに区分される所得控除以外に、社会保険料控除があるが、これは政策的配慮にもとづく控除としかいいようがない。図4-6をみれば、負担曲線は、所得控除によって最上位にある太線から下方に離れていくが、累進性は強められるといってよい。

所得税では税額を算出してから、さらに税額控除がある。税額控除は、配当所得に対して法人が配当を支払う段階で法人税が課税され、配当所得を受け取る段階でも所得税が課税されるという二重課税を調整するという理由で設けられている。そのため税額控除は配当所得で生じるので、高額所得の負担を低め、逆進的に作用することになる。

しかし、所得税の負担構造上の最大の問題点は、所得税はすべての所得を総合合算して累進税率を適用することになっているのに、租税特別措置法によって累進税率の対象から、利子・配当などの金融所得が外されてしまっていることにある。つまり、利子・配当や株式の譲渡所得などの金融所得は累進税率ではなく、所得税で一五%、住民税の五%を含めても、二〇%の比例税率で分離課税されることになっている。図4-6をみると、金融所得などの分離課税によって、高額所得の負担は著しく軽減され、逆進的になっている。

「一億円の壁」として問題になっているように、日本の所得税の負担構造は、所得一億円をピークとして、それまでは累進的負担となっているが、そのピークを超えると逆進的になっていく。このような所得税の負担構造は図4-6では点線で示されている。

そうした所得税の負担構造を反映して、所得税に消費税を加え、さらに社会保険料を含めた負担も、ほぼ一億円をピークにして、それまでは緩やかな累進的負担となっているが、そのピークを超えると、急速に逆進的負担となっていく。その結果として図4-6で、最高所得階層と最低所得階層の負担率はほぼ変わらない状態となってしまっている。

そうだとすれば、所得税の最高税率を引き上げても、所得税の累進性が高まらない。というのも、高額所得の大半が、累進税率で課税されない金融所得によって占められているからである。所得税の累進性を高めようとするのであれば、累進税率を高めるよりも累進税率を適用する課税標準、つまり課税ベースの拡大を図らなければならないのである。

課税ベースを縮小することによって失われる税収を「税収のイロージョン」と呼んでいる。図4-6によると、金融所得の分離課税による「税収のイロージョン」は、一・一兆円にも上っている。金融所得の分離課税を廃止して、この「税収のイロージョン」を埋めさえすれば、日本の共同負担の構造は累進的になることを図4-6は示している。

ところが、現実には金融所得が分離課税となっているので、所得税の負担構造も、所得税と消費税、それに社会保険料を加えた負担構造も、所得一億円をピークにして、急激に逆進的になってしまう。

さらに、所得税が「一億円の壁」といわれるピークまでは累進的な負担となっているのに、消費税と社会保険料を加えると、一億円までの累進性も極めて緩やかになってしまう。すなわち、その累進性は所得二〇〇〇万円近辺から頭打ちとなり、横這い状態となってしまう。こうした現象が生じるのは、消費税も社会保険料も逆進的な負担構造となっていて、所得税の累進性を、消費税と社会保険料の逆進性が打ち消してしまうからである。

従来も日本の租税による所得再分配効果は、国際的にみて低いことが繰り返し指摘されてきた。こうした租税負担に、逆進的な社会保険料を加えた日本の国民負担の構造は、国際的にみても累進性が低いと考えられる。

日本の社会保険料は定額負担もあるため逆進性が強く、しかも所得保障だけではなく、医療や介護の費用保障にも利用するため、国民負担に占める割合は高い。そうした社会保険料は地方税総額どころか、国税総額をも上回っている。

逆に租税負担はあまりにも低すぎる。そのため国民負担は国際的にみても低く、しかも、そうした租税と社会保険料がもたらす負担は、所得階層別にみると、経済力つまり能力に応じた負担とはいいがたい状況にあるのである。

資本に軽く、労働に重いという「逆差別性」

前言否定のようなことになってしまうが、能力に応じた「課税の公平」は、所得を基準にして累進的か逆進的かという判断基準だけでは評価できない。というのも、経済力は所得の

「量」だけでは判断できず、所得の「質」も考慮しなければならないからである。

あえて繰り返すと、経済力は「お金持ち」という概念に近い。賃金所得で六〇〇万円ある者を「お金持ち」というかといえば、平均賃金から考えても、「お金持ち」とは呼ばないはずである。ところが、膨大な預金を所有し、利子所得だけで六〇〇万円があり、悠悠自適に生活する者は「お金持ち」と呼ばれるに違いない。つまり、同額の所得でも、賃金所得よりも資産所得のほうが経済力があることは、誰もが理解しているはずである。

こうした事実は、経済力は一定期間で得る所得というフローだけでは捉えられず、所有している資産というストックの存在を考慮する必要があることを意味している。したがって、経済力に応じた「課税の公平」を実現しようとすれば、所得の大小に応じて累進的負担を求めるだけでは不充分だということになる。つまり、金融所得にしろ、不動産所得にしろ、資産所得には重く課税し、労働所得には軽く課税しなければならないのである。

このように所得の「量」ではなく、所得の「質」の差異に着目して、経済力に応じて課税することを「差別性」と呼ぶ。所得の「量」に着目し、所得額が高くなると経済的能力は高まるので、所得額の高さに応じて負担を求めることを「累進性」といっている。それに対して「差別性」では、経済力のより高い資産所得に重く、経済力の低い労働所得に軽く課税することになる。

所得税が能力原則に裏づけされた現代的所得税となるには、三つの条件が必要とされる。一つは「累進性(progression)」であり、もう一つは「差別性(differentiation)」である。これに「最低生活費免税(existence minimum)」を加えた三つの条件が充分に満たされた時、ドイツの財政学者フランツ・マイゼル(Franz Meisel)が「所得税ほど民主的で、人間的で、かつ社会的な租税は存在せぬ」と讃美する現代的所得税が実現するのである。

こうした現代的所得税がイギリスで実現するのは、第一次大戦前夜である。一九〇六年のアスキス(Herbert Henry Asquith)首相の改革で、それまで一律の比例税率で課税されてきた所得税を、資産所得には高い比例税率で、労働所得には低い比例税率で課税する形に改め、差別性が導入される。さらに一九一〇年のロイド・ジョージ(David Lloyd George)首相の改革で、累進税率で課税される超過所得税が導入されて、累進性が実現するのである。

日本が現代的所得税を誕生させるのは、太平洋戦争開戦前夜の一九四〇年の税制改革である。国民を総動員する総力戦を遂行するためには、国民が経済力に応じて負担する租税制度が存在しなければ、「城内平和」が維持できないからである。一九四〇年の税制改革では、所得税は、差別性を体現する「分類所得税」と、累進性を体現する「総合所得税」との二本立てに改めたのである。

差別性の原則では、金融所得や不動産所得という資産所得には重い負担を、労働所得には軽い負担を、さらに資産所得と労働所得との混合と考えられる事業所得には、その中間の負担を求めることになる。こうした税制改革で成立した分類所得税では、利子配当という金融所得にしろ、不動産所得にしろ、資産所得には一〇%の比例税率で重く課税し、労働所得には六%の比例税率で軽く課税していた。その中間である事業所得については、営業所得には八・五%、農業所得などには七・五%の比例税率で課税していたのである。

ところが、第二次大戦後になると、差別性を求める租税理念は急速に衰退してしまう。現在の日本の所得税でいえば、差別性の理念にもとづく制度は、給与所得控除にしか見出すことができない。しかも、その給与所得控除も差別性の原則から、給与所得の経済力が低いという根拠づけよりも、給与所得を稼得するための費用を概算で控除するという考えに変わっていく。国際的にみても、所得税の内部で、資産所得や労働所得などという所得の「質」による差異で税率を区別する分類所得税方式は、姿を消してしまっている。

しかし、日本の租税に社会保険料を加えた公的共同負担の構造は、明らかに賃金所得に重く、資産所得とりわけ金融所得に著しく軽い負担となっている。それは資産所得に重く、労働所得に軽くという差別性を充足しないどころか、「逆差別性」となってしまっていることを意味している。

そうした逆差別性の負担構造になってしまっているのは、日本だけではない。賃金所得から支払われる社会保障負担は、租税で調達するとしても、一般に「給与税(payroll tax)」で調達する。そのため社会保障負担の高まりとともに、労働所得への負担は高まっていくのに対して、一九八〇年代から始まる法人税の引き下げ競争にみられるように、資本所得への負担は低くなっていく。

社会保障負担の低いアメリカでさえ、労働所得に対して二五・五%から三二・五%の租税が課せられている一方、資本所得への実質的租税負担はわずか五%程度だといわれている(ミノーシュ・シャフィク『21世紀の社会契約』二二八頁)。そのため、あまりにも労働所得に高い負担を迫り、あまりにも資本所得に低い負担しか求めないことが、格差と貧困を国際的に拡散させている重要な要素となっているという指摘が、次々に登場することになったのである。

富裕税の創設を

それでは第二次大戦後に差別性の原則が急速に顧みられなくなったのはなぜかを問うと、ドイツの財政学者ノイマルク(Fritz Neumark)の指摘では、第二次大戦中に所得税の累進性が急激に高まったことがその背景にある。つまり、金融所得をはじめとする資産所得は高額所得を形成するので、高い累進税率が適用され、わざわざ資産所得を差別的に重く課税する必要性がなくなったという指摘である。

現在では差別性の原則の復活が喫緊の課題となって浮上しているといわなければならない。国際的にみても、一九八〇年代から所得税の最高税率が急激に引き下げられ、所得税の累進性は著しく弱められているからである。しかも、日本にいたっては、金融所得は累進税率の適用から外されてしまっているのである。

したがって、社会の構成員が経済力に応じて、社会の共同事業のために共同で負担し合う仕組みを築こうとすれば、とりわけ所得税において差別性を高めつつ、累進性を回復していく途《みち》を模索していく必要がある。

差別性を高めるには三つの方途がある。このうちの二つは所得税の税率と、控除を使用する方法である。一つは所得の「質」に着目して、適用する税率を所得区分ごとに変える方法である。この方法は第二次大戦後、姿を消している。もう一つは、給与所得控除を設けるという日本でも使用している方法である。しかし、この方法はすでに差別性という意義さえ失われようとしている。

こうした二つが所得税の内部構造による方法であるのに対して、第三の方法は、所得税に差別性を与えるために、所得税に補完税を設けるという方法である。つまり、労働所得も資産所得も区別なく所得を総合合算して、累進税率で所得税を課税するだけではなく、金融資産にしろ、不動産にしろ、所有している資産を総合合算して累進税率で課税する財産税を創設し、所得税を補完することによって、差別性を実現するという方法である。所得税の補完税としての財産税は、極めて低い税率で、通常は純資産に課税される。そのため純資産税ないしは富裕税と呼ばれている。

超過累進税率で課税される現代的所得税は、一八九一年にミーケル(Johannes von Miquel)蔵相の改革によって、ドイツのプロイセンで誕生したといってよい。このミーケルの改革では所得税の「補完税(Ergänzungsteuer)」として純資産税を導入することによって、差別性を実現していたのである。

しかも、所得税の補完税として富裕税を設定して差別性を実現するという方式は、第二次大戦後、民主化を目的とした戦後改革におけるシャウプ勧告(一九五〇年)でも提言され、日本でも実施されていた。日本の所得税は一九四〇年の税別改革で分類所得税と総合所得税の二本立てとなっていたが、一九四七年の税別改正で分類所得税は廃止され、二〇%から八五%の累進税率で課税される一本の所得税になっていた。

シャウプ勧告は八五%と著しく高い所得税の最高税率を五五%に引き下げるとともに、富裕税の創設を勧告した。つまり、所得税の最高税率を低く抑える代わりに、所得税の最高税率が適用される高額所得者に対して、所得税だけではなく、税率〇・五%から三%という軽微な累進税率で課税される富裕税を課すことを勧告した。シャウプ勧告は、所得税の補完税として富裕税を創設することで、差別性とともに実質的累進性を高めようとしたのである。

このように日本の富裕税は、シャウプ勧告にもとづく税制改革で導入されたが、その三年後の一九五三年の税制改革で廃止されてしまう。しかし一九八〇年代以降、国際的に格差や貧困が拡大していくもとで、富裕層の租税負担があまりにも低すぎる現実が明らかになるにつれ、富裕税ないしは純資産税の創設を唱える声が高まってきている。もっとも、現実には富裕税ないしは純資産税はスイス、ノルウェー、スペインなどのヨーロッパ諸国が現在でも課税しているとはいえ、一九九五年にドイツが、二〇〇七年にスウェーデンが、二〇一七年にフランスが廃止している。

しかし、例えばピケティは、フランスにおける富裕税の廃止に激しく抵抗しただけではなく、補完税というよりも課税を強化した純資産税を国際的に広めていくことを唱えている。さらに、『つくられた格差——不公平税制が生んだ所得の不平等』を著わしたエマニュエル・サエズ(Emmanuel Saez)とガブリエル・ズックマン(Gabriel Zucman)が、アメリカにおける資産格差の著しい拡大に対して、資産税を提唱するや、エリザベス・ウォーレン(Elizabeth Warren)やバーニー・サンダース(Bernie Sanders)という民主党の大統領候補がその導入を政策要綱に掲げたのである。

日本の租税負担と社会保険料という公的共同負担の構造を、経済的能力に応じたものにすることを目指すとすれば、日本では所得税の累進税率の対象となる課税ベースを拡大して、「税収のイロージョン」を取り戻すことにまず着手しなければならないことは、すでに指摘したところである。そのうえで不充分な累進性を引き上げるためには、引き下げてきた最高税率を回復していくとともに、差別性を追求して、実質的累進性を実現する富裕税の創設を考えるべきである。というのも、日本には富裕税を導入する基盤が存在するからである。

日本には、国税として地価税という不動産税がある。この地価税は二〇〇四年度の税制改正で課税が停止され、「当分の間」休眠状態となっている。ピケティが批判しているように、フランスでは富裕税が廃止された。すなわち、富裕税の課税対象から金融資産を外し、二〇一八年から「不動産富裕税」となってしまっている。日本ではこの逆をすればよい。つまり、地価税の課税対象に不動産だけではなく、金融資産を加えつつ、資産を総合合算して軽微な累進税率で課税すれば、地価税を休眠状態から富裕税として呼び覚ますことができるのである。

利益原則にもとづく消費課税

経済力は所得だけでは捕捉できないが故に、所得税には「課税の公平」からみて不公平だとされる致命的な欠陥があることはすでに指摘した。所得を生まない資産を所有している「お金持ち」には、所得税は課税されない。三〇〇億円にも上る名画を所有していても、所得税は課税されない。こうした資産にも課税するには、経常的資産税つまり富裕税が必要となることも、すでに指摘したとおりである。

イギリスの経済学者ニコラス・カルドア(Nicholas Kaldor)は、「お金持ち」がマハラジャのような贅沢三昧の消費をしていても所得税は課税されないのに、額に汗して働き、糊口《ここう》を凌《しの》ぐ所得を稼いだ瞬間に、所得税が課税されるのは不公平だと批判した。カルドアは一年間の所得に課税するのではなく、一年間の消費に累進税率で課税する「総合消費税(General expenditure tax)」を提唱したのである。

所得を簡潔に定義すれば、一年間の消費と資産純増となる。つまり、**図4-7**に示したように年初から年末にかけての所有資産の純増と、年間の消費の合計が所得となる。したがって、**図4-8**のように資産を喰い潰して年初よりも年末に所有している資産を減少させれば、喰い潰した資産で贅沢な消費をしても所得税は課税されないのである。そこで年間の消費額に対して、累進税率で課税する総合消費税が提唱されることになる。しかし、総合消費税はインドとセイロン(スリランカ)でわずかな期間導入されたものの、税務執行上の困難から、それ以外では導入されていない。

所得では経済力を必ずしも捕捉できないので、所得税は不公平だという批判があるだけではなく、所得税が所得の分配局面で課税されるので、所得の「質」の差異によって捕捉率に許容しがたい相違が生じざるをえず、その点においても不公平だという批判がある。こうした所得税の所得捕捉にかかわる不公正は、第二次大戦期に生じた所得税の変貌に起因している。

第二次大戦期に所得税は、累進性、差別性、最低生活費免税という能力原則にもとづく課税の公平を強めていくとともに、「富裕者税（rich man's tax）」から「貧困者税（poor man's tax）」へと大転換を遂げる。つまり、第二次大戦前までは所得税は「お金持ち」が納める租税だったのに対して、戦時期に大変身を遂げ、戦後には、広く社会の構成員が納める「貧困者税」となっていたのである。

所得税をこのように転身させることを可能にしたのは、給与所得に対する源泉徴収制度の導入である。給与所得への源泉徴収制度は、ドイツが逸早く第一次大戦後に導入し、日本が一九

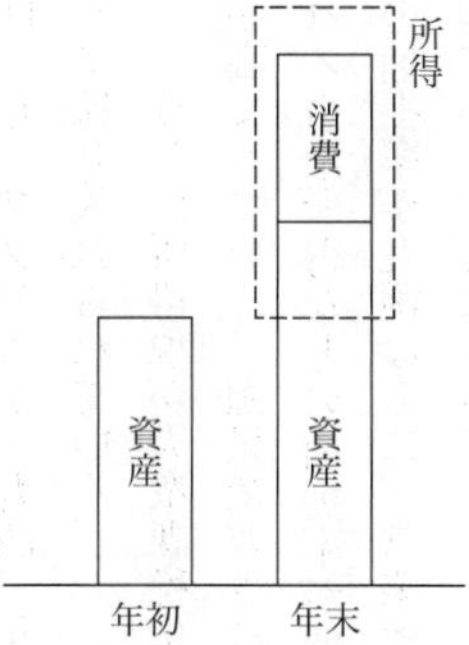

図 4-7 所得と消費, 資産の関係

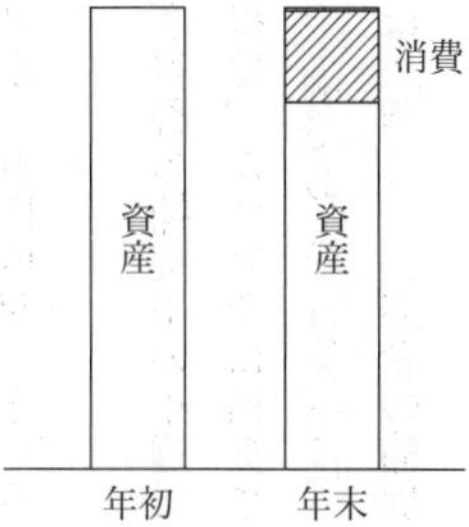

図 4-8 資産を減らして消費した場合

四〇年、アメリカが一九四三年、イギリスが一九四四年、という具合に第二次大戦が契機となって採り入れられていく。

こうして所得税が大衆課税化すると、所得税の捕捉率の相違による不公正に対する不満の声が高まっていく。源泉徴収される給与所得は、ほぼ完全に捕捉されるのに、申告納税で課税される事業所得などの捕捉率が低いという不満である。日本では「クロヨン」、つまり給与所得の捕捉率が九割なのに、営業者の捕捉率は六割で、農業者の捕捉率は四割だとする言葉が広まっていくことになる。

所得が生じなくとも贅沢な消費が可能となる経済力や、分配局面において所得が捕捉しにくいという所得税の欠陥が、所得の支出局面で課税する消費課税の根拠となる。所得税を回避したり、所得税の捕捉を逃れても、所得を支出した時に課税される消費税を設けておけば、高級車などの贅沢品を購入した時などに経済力に課税できるからである。

現代の租税体系では、所得の分配局面で課税される所得税とともに、所得の支出局面で課税される付加価値税、日本でいえば消費税が、基幹税の車の両輪となっている。生産物市場での取り引き一般に課税される付加価値税という一般消費税が、所得税とともに基幹税となっている重要な根拠は、すでにみたように所得税では捕捉できなかった経済力に課税することにある。

しかし消費税は、社会の構成員に分配された所得に課税される所得税とは相違して、個々の社会の構成員の経済的能力に応じて課税することはできない。つまり、能力原則にもとづく課税ではなく、公共サービスによって社会秩序が維持され、生産物市場での取り引きが可能になることを根拠とする利益原則にもとづく租税となる。実際、すでにみたように、消費税の租税負担は逆進的となっている。

それにもかかわらず、消費税が所得税とともに基幹税として位置づけられている根拠は、課税ベースが大きく、低い税率で多額の税収を確保できる多収性にあるといってよい。つまり、わずかな税率の引き上げで、租税収入を大きく高めることができるからである。

「大きな政府」の逆進性、「小さな政府」の累進性

国民負担率の国際比較を示した図4-9において租税負担率をみれば、租税負担率の高い国は消費課税の負担率が高いことがわかる。逆にアメリカのように租税負担率の低い国は、消費課税の負担率は低く、個人所得課税の負担率が高くなっている。スウェーデンは個人所得課税も、消費課税も日本の二倍以上の負担となっている。大胆に表現すれば、「大きな政府」の逆進性、「小さな政府」の累進性と指摘することができる。

国民は自己責任で生きていくべきで、財政は防衛や司法、警察などの秩序維持サービスを提供する「小さな政府」にすべきだと考えるアメリカなどでは、租税は富裕層が累進的に負担す

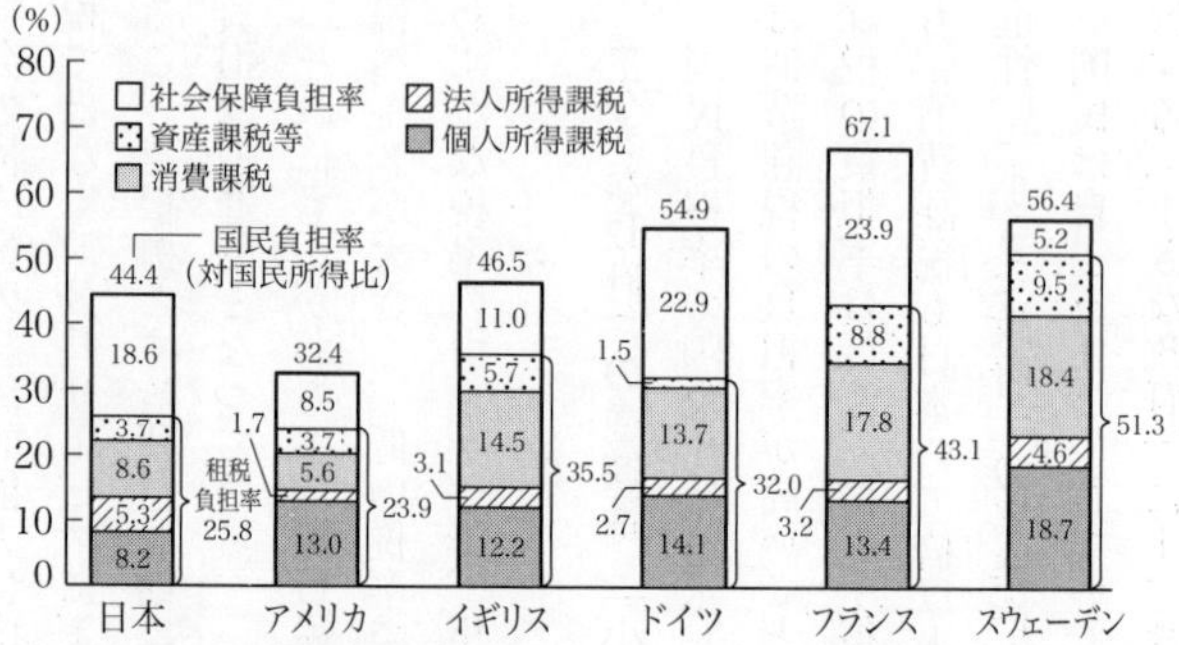

出所：財務省「負担率に関する資料」.
注1：日本は2019年度実績．諸外国は，OECD, 'Revenue Statistics 1965-2020' および OECD, 'National Accounts' による．
注2：租税負担率は国税および地方税の合計の数値である．また個人所得課税には資産性所得に対する課税を含む．
注3：老年人口比率については，日本は総務省「人口推計(2019年(令和元年)10月1日現在(補間補正値))」，諸外国は国連 'World Population Prospects: The 2019 Revision Population Database' による．

図4-9　国民負担率(対国民所得比)の内訳に関する国際比較(2019年)

べきだと観念される。これに対して国民は助け合って生きていくべきで、国民の共同負担で営む社会の共同事業によって生活を保障しようとするスウェーデンなどでは、貧困層にも負担を求める。もちろん、貧困層も共同負担しさえすれば生活が保障されることになる。逆にアメリカのような自己責任社会では、貧困層に重い負担を求めないが、貧困層は自己責任で生きていくことになる。

社会の構成員が協力して実施する共同事業を充実させようとすれば、共同事業のための共同負担は、経済的能力の高い富裕者が累進的な共同負担を引き受けなければ実現できない。それと同時に、そうした累進的な共同負担を、社会の構成員の全員が引き受けるようにして底上げしていかなければ、共同事業の充実に必要な共同負担を調達することは不可能になる。

実際、第二次大戦後に福祉国家を目指した先進諸国は、所得税基幹税主義にもとづく累進的租税負担構造を形成した。しかし、すでに指摘したように、「社会保険国家」と呼ばれたような現金給付が中心の社会保障から、「社会サービス国家」あるいは「社会投資国家」と呼ばれるような現金給付に現物給付も加えた社会保障の拡充へと迫られる。

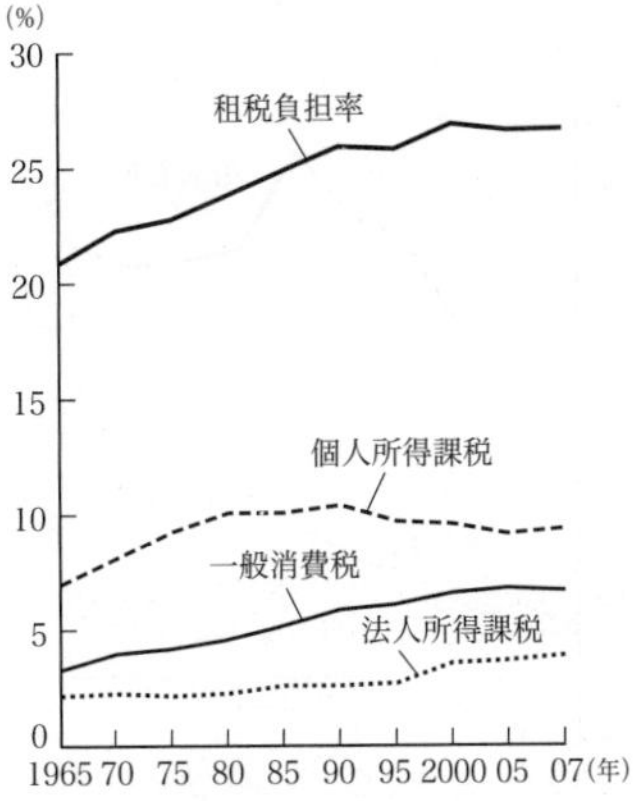

出所：OECD, 'Revenue Statistics 1965-2008' をもとに作成.

図 4–10 OECD 加盟国の租税負担率の推移

そうなると、所得税基幹税主義から、所得税と一般消費税という二つの租税を基幹税とする租税体系へと転換していくことになる。OECD諸国の一般的傾向を図4–10でみても、所得税基幹税主義の税収調達能力の限界を多収性のある一般消費税が補強するように、一般消費税の負担率を引き上げて、租税負担率を高めている。もちろん、それは「社会サービス国家」あるいは「社会投資国家」へと転換させていくことと対応している。

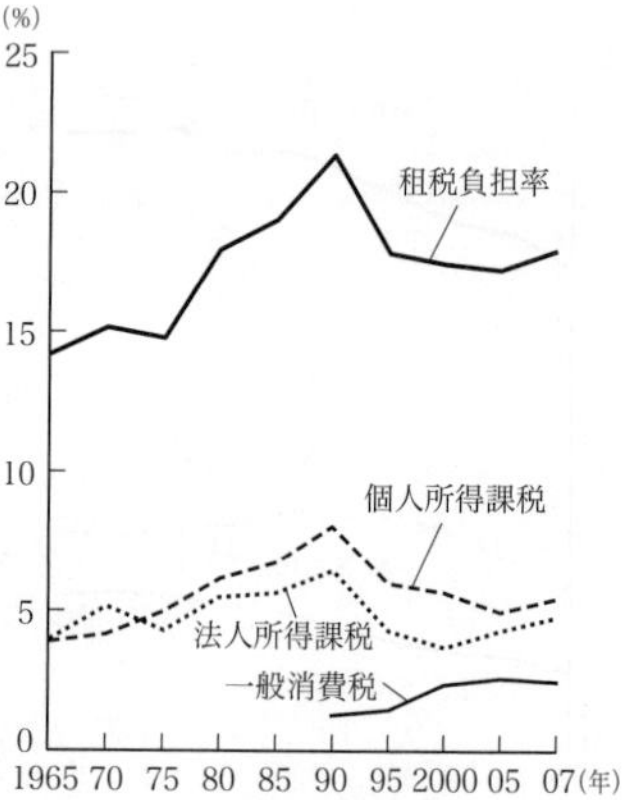

出所：OECD, 'Revenue Statistics 1965-2008' をもとに作成.

図 4-11　日本の租税負担率の推移

一方、**図4-11**で日本の負担率の推移をみれば、遅ればせながら一九七三年を「福祉元年」として福祉国家を志向し始め、所得税基幹税主義を形成していくが、一九九〇年代に足を踏み入れようとする頃から所得税の負担率を急速に低下させていく。所得税の負担水準を維持したOECD諸国の傾向とは対照的である。

日本も一般消費税を一九八九年に導入するが、それは租税負担水準を引き上げるためではない。所得税減税による大幅な税収の減少のいくばくかを取り戻す意図しか読み取れない。

つまり、一般消費税の導入によって租税負担水準を引き上げ、ヨーロッパ諸国のように「社会サービス国家」や「社会投資国家」を目指したわけではない。そうかといって、租税負担を引き下げながら、アメリカ的自己責任社会を目指したわけでもない。というのも、アメリカ的自己責任社会を目指すのであれば、租税負担率を引き下げるとしても、所得課税の負担水準は引き上げるはずだからである。

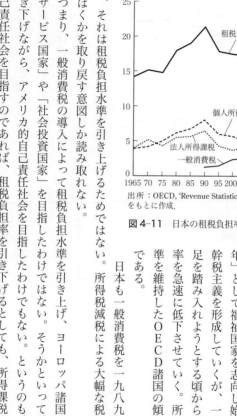

「事後的再分配」から「事前的再分配」へ

累進的租税負担と社会保障の現金給付を組み合わせて、財政が所得再分配機能を発揮して、社会統合を図ろうとした福祉国家は行き詰まった。そうした福祉国家の行き詰まりを克服する道として、二つの道がせめぎあってきた。もちろん、その一つは財政の機能を縮小させて、市場の領域をグローバルに拡大していこうとする新自由主義のシナリオである。もう一つは租税負担を高めて、社会保障の現金給付に現物給付を加えたセットで生活保障をするように、福祉国家を再編成していこうとするシナリオである。

メインストリームは新自由主義的シナリオにあったけれども、二〇〇八年の経済危機や、二〇一九年末に発生し、二〇二〇年に世界に広がったコロナ・パンデミックによる社会危機からの教訓は、財政による現物給付が人間の生命活動を持続させるために必要不可欠だということを語ることになる。繰り返し述べるように、医療、福祉、教育というエッセンシャル・ワーカーが担う現物給付が提供されなければ、人間の生命を育む社会は機能しないことを思い知らされたからである。

福祉国家における財政の所得再分配は、所得税基幹税主義による累進的租税負担と、社会保障の現金給付との組み合わせである。しかし、所得税に一般消費税を加えて租税負担を高めようとヨーロッパ諸国が努力してきたのは、ポスト福祉国家の形成に向けて、社会保障としての現物給付を拡充したかったからである。

もちろん、現金給付と相違して、現物給付には所得再分配効果はない。しかし、医療や福祉、教育などの現物給付が無償で提供されれば、低所得の貧困者の生活が支えられることは間違いない。つまり、社会保障として無償提供される現物給付には、実質的な意味での再分配効果があると考えられる。

しかも、ポスト福祉国家における現物給付は、実質的な意味での再分配以上の意義をもっている。福祉国家における所得再分配とは、要素市場での所得分配を財政が事後的に再分配すること（「事後的再分配」）を意味している。現物給付に実質的な再分配効果があるといっても、それは要素市場での所得分配に対して、事後的になされる現物給付が実質的に再分配効果をもつという意味である。

ところが、ポスト福祉国家に向かい、現物給付は「事前的再分配効果」をもつことになる。というのも、現物給付はポスト福祉国家の労働市場への参加条件を保障するからである。この労働市場への参加条件の保障は大きく二つに区分できる。

一つは育児や高齢者ケアなどの生活保障の現物給付である。こうした現物給付は、主として女性などが家族内の無償労働から解放され、労働市場に参加するための条件保障となる。

もう一つは再訓練・再教育を含む教育サービスである。「誰でも・いつでも・どこでも・ただで」の原則のもとに、質の高い教育へのアクセスを保障することである。それはポスト福祉国家における労働市場への参加保障であるとともに、労働市場における所得格差を縮小していくことにもなる。

このようにして租税負担を高めて、現物給付を充実させていくことは、現金給付とセットで生活保障を果たすとともに、現物給付による実質的再分配(すなわち「事後的再分配」)だけでなく、「事前的再分配」をも実現していくことになる。もちろん、こうした現物給付と現金給付をセットにした生活保障を実現しようとすれば、所得税と一般消費税を基幹税とする租税体系を築かざるをえないのである。

国民による財政のコントロールが困難な日本

これまで社会保障という社会の共同事業に焦点を絞り、どのような給付と負担を、日本国民が共同意思により決定してきたのかを考察してきた。もっとも、「私はそういう意思決定をしたつもりはない」という弁明がなされるかもしれない。しかし、それは無意味である。財政で決められたことは、社会の構成員の共同意思決定と見なされて、結果責任については、すべての社会の構成員が引き受けることになるからである。

とはいえ、日本では財政制度が、財政民主主義を有効に機能させるように形成されているとはいいがたいことも指摘しておく必要がある。例えば、国民が公的負担の増加を受け入れてでも、育児サービスや高齢者ケア・サービスなどの現物給付を充実させたいと考えたとする。その場合、日本では、国民として国家財政で共同意思決定をすればよいのか、あるいは地方自治体の住民として地方財政で共同意思決定をすればよいのか、よくわからないはずである。

スウェーデンやデンマークなど、スカンジナビア諸国の場合は簡単である。育児や高齢者ケアといった現物給付は、日本でいえば市町村にあたる基礎自治体の責任なので、基礎自治体の地方税を増税させて、現物給付を充実させればよいからである。もちろん、中央財政から地方財政への財政移転つまり補助金はあるが、使途の指定された特定補助金はなく、すべて使途の指定がない一般補助金だと考えてよい。したがって、一般補助金の使途を他の使途から育児の現物給付に振り替えることもできるし、その使途を従来どおりにして、育児の現物給付を充実させるために増税することもできる。

医療サービスの現物給付を充実させたい場合も同様である。スウェーデンでは、医療サービスの現物給付は、日本でいえば道府県という広域自治体の責任なので、広域自治体の地方税を増税すれば、医療の現物給付を充実させることができる。

フランスも日本と同様に医療を社会保険で実施している。しかしフランスでは、社会保険が

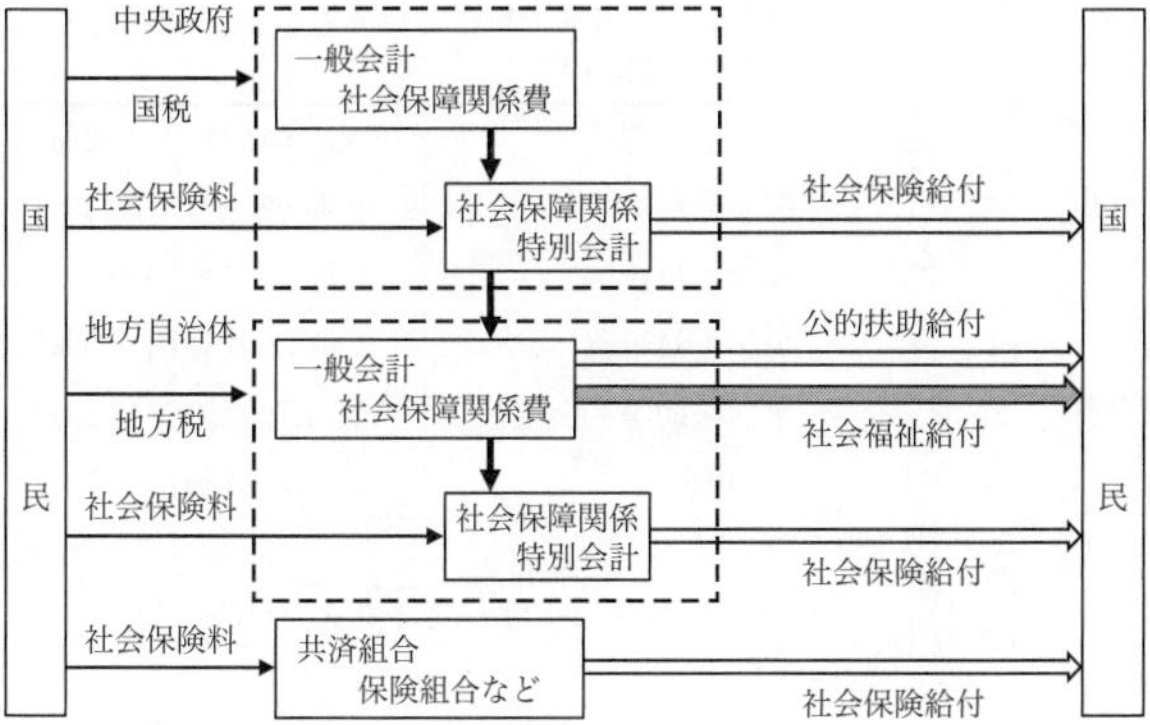

図4-12　社会保障の負担と給付(概略図)

中央政府や地方自治体とは独立した社会保障基金政府のような機関が所管しており、選挙でその機関の代表者を決定して運営している。

したがって、医療を充実させたいとすれば、国民は社会保障基金の構成員として行動すればよいことになる。もっとも、現在では中央政府から社会保障税という目的税で財政支援を受けているので、支援を増やしたいのであれば、中央政府の構成員である国民としても行動しなければならないことになる。

ところが、日本では、社会保障の財政構造が複雑な迷路のようになっている。育児にかかわる現物給付を充実させるために行動しようとしても、どうすればよいのか説明に窮してしまう。図4－12でいえば、日本の現物給付は、地方自治体の一般会計から支出される社会福祉給付に含まれて支給される。それを充実させるためには、地域社会の住民として地方税を増税する

表 4-1　国家予算における社会保障関係費の内訳（2022 年度）

年金給付費	12 兆 7,641 億円（35.2%）
医療給付費	12 兆 925 億円（33.3%）
介護給付費	3 兆 4,662 億円（9.9%）
少子化対策費	3 兆 1,094 億円（8.6%）
生活扶助等社会福祉費	4 兆 1,759 億円（11.5%）
その他	5,514 億円（1.5%）
合　計	36 兆 2,735 億円

出所：財務省「令和 4 年度予算及び財政投融資計画の説明」.

ように行動すればよいかといえば、事はそう簡単には運ばない。というのも、図4-12に示したように中央政府から地方自治体への国庫支出金（負担金・補助金）という使途を限定した財政移転（縦の矢印）があるからである。

しかも、中央政府と地方自治体との負担割合まで決められている。児童手当という現金給付は全国一律の給付が必要であるとの理由で、中央政府が三分の二を負担し、道府県と市町村がそれぞれ六分の一を負担することになっている。これに対して施設型保育や地域型保育という現物給付は、中央政府と地方自治体との共同責任という理念から、公立の施設型給付を除き、中央政府と地方自治体が二分の一ずつ負担することになっている。

そうなると、育児の現物給付を充実させるには、地域住民としてだけではなく、国民としても行動しなくてはならなくなる。しかも、その行動も複雑になる。国税は中央政府の基本会計である一般会計に納入され、二〇二二年度予算でいえば、一般会計の歳出の三三・七%にあたる三六兆二七三五億円が社会保障関係費となっている（表4-1）。

この社会保障関係費のうち年金給付費、医療給付費、介護給付費は、年金、医療保険、介護保険という社会保険の国庫負担だと理解してよい。つまり、社会保険給付は社会保険料だけではなく、国庫負担が存在しているので、それが一般会計に計上されている。そのため年金であれば、一般会計の年金給付費が年金特別会計に繰り入れられる。もちろん、年金特別会計には年金の社会保険料が入ってくるので、ブレンドされて年金が給付される。

同様に、医療保険と介護保険についていえば、中央政府の特別会計ではなく、負担金・補助金として地方財政などに国庫負担として移転される。そして地方財政の特別会計などに納入されてくる社会保険料とブレンドされて、社会保険給付として給付されることになる。

育児のための現金給付や現物給付も、国庫負担は少子化対策費から支出される。しかし、二〇二二年度予算でみると、表4-2のように少子化対策費三兆一〇九四億円のうち、八割近くの二兆四四八八億円が年金特別会計へ繰り入れられていく。このうち「児童手当年金特別会計」に繰り入れられる一兆五四六億円が、児童手当という現金給付の国庫負担として地方自治体に移転される。

さらに「子どものための教育・保育給付等年金特別会計」へ繰り入れられる一兆三三六七億円が、育児の現物給付の国庫負担となって地方自治体に支出されていくのである。

このように地方自治体が提供する現物給付を充実させるためには、地域住民として行動する

表 4-2　少子化対策費の内訳(2022 年度)

(単位：億円)

大学等修学支援費	5,196
子ども・子育て支援年金特別会計へ繰入	24,488
児童手当年金特別会計へ繰入	10,546
子どものための教育・保育給付等年金特別会計へ繰入	13,367
地域子ども・子育て支援事業年金特別会計へ繰入	574
失業等給付費等労働保険特別会計へ繰入	91
児童虐待等防止対策費	1,317
国立児童自立支援施設運営費	1.6
合　計	31,094

出所：財務省「令和 4 年度予算及び財政投融資計画の説明」.

だけではなく、国民として中央政府の財政の共同意思決定を行使するために行動しなくてはならない。しかし、中央政府の財政も地方財政も、一般会計のほかに特別会計が複雑に存在し、資金の出し入れが錯綜しているため、どこでどのように意思決定をすれば、自分の政策意図が実現できるのか、迷路に迷い込んでしまう状態に陥る。しかも、そのために地方税を増税すべきか、国税を増税すべきか、あるいは社会保険料を引き上げるべきかも、理解不能に陥ってしまうのである。

被統治者である国民が、統治者として財政をコントロールできるようには、日本の財政制度は形成されていない。人類は血を流すという犠牲まで払って、財政民主主義の諸原則を確立してきた。日本国憲法の財政規定(第八三～九一条)は、そうした財政民主主義を的確に反映しているといってよい。ところが、この憲法規定から導き出されたはずの日本の財政制度は、多くの点で財政民主主義の諸原則から逸脱しているといわざるをえないのである。

こうした社会保障財政の複雑な構造が財政民主主義の遂行を困難にしている。と同時に財政を民主主義に委ねれば、財政は混乱を極めてしまうという認識が、政府の側にも国民の側にも根強くあるのではないかとも思われる。その背後には、日本では国民一人ひとりが民主主義の主体であるという意識が薄く、民主主義に対する信頼が失われてしまっていることがあるのではないか。

いずれにせよ、財政民主主義が機能しなくなると、国民が共同意思決定で財政による共同事業を決め、そのための共同負担も共同意思決定で決めるという意識を失ってしまう。租税は共同意思決定にもとづく共同負担ではなく、統治者に取り上げられる負担だと観念される。自分たちが被統治者であるだけでなく、民主主義を担う統治者でもあるという自覚がなくなってしまうからである。

財政民主主義を機能させる「三つの政府体系」

リーマン・ショックという経済危機に加え、コロナ・パンデミックという社会危機を経験して、危機を克服するためには社会の共同事業が不可欠であることを学んだとすれば、財政民主主義を再創造する途を模索する必要がある。それは、人間の生命活動とその未来を決定する権

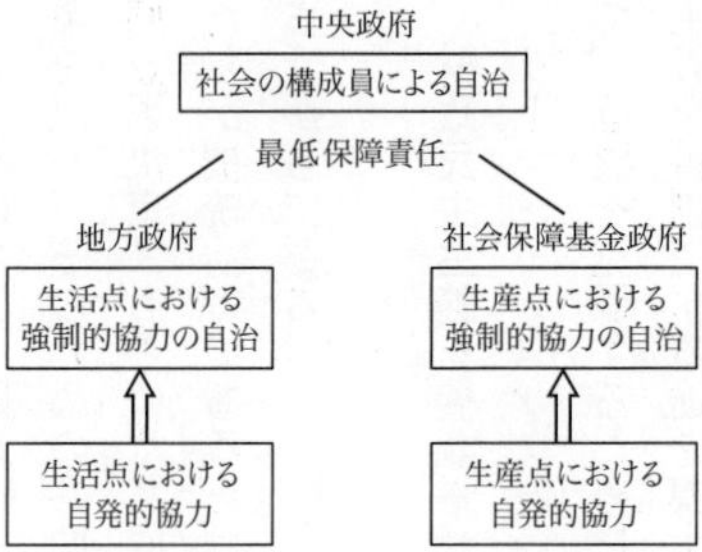

図4-13　3つの政府体系

限を国民一人ひとりの手に移譲することである。

こうした問題関心から、私は政府を「三つの政府体系」に再編成する構想を唱えてきた（図4-13）。「三つの政府体系」を構成する「三つの政府」とは、中央政府、地方政府（地方自治体）、社会保障基金政府の三つである。国民は三つの政府のいずれにも所属し、どのような共同の困難をどのように分かち合っていくかを、「仲間（socius）」意識にもとづいた共同意思で決定していくことになる。

地方政府とはヨーロッパでいえば、教会などをシンボルとして医療、福祉、教育などの相互扶助を提供し合ってきた地域社会という生活の「場」での自発的協力を基盤としている。相互扶助代替の現物給付を行うことを使命とする政府である。

もっとも地域社会では、相互扶助で生活を支え合うだけではなく、共同作業で街路や水利などの生活環境を整備したり、自然環境の維持管理なども行ってきた。そのため地方政府では共同作業代替の生活環境整備や自然環境の維持管理をも担うことになる。

地方政府が生活の「場」における自発的協力を基盤にした政府だとすれば、社会保障基金政府は生産の「場」における自発的協力を基盤にした政府ということができる。生産の「場」で働く者たちが、互いに掛け金を出し合い、疾病や失業などによって賃金を失った時に、賃金を保障し合う共済活動を基盤にして成り立っている。つまり、正当な理由で賃金を喪失した時に、賃金代替の現金給付に責任をもつ政府なのである。

社会保障基金を自立した政府として位置づけることは、奇妙に思われるかもしれないが、内閣府の国民経済計算(GDP統計)では、ここで示したように一般政府は中央政府、地方政府、それに社会保障基金という三つの政府から構成されている。実際、前述のように社会保障のウェイトの高いフランス、さらにドイツでも、社会保障基金は選挙によって代表が選出され、社会保障の給付や負担が決定されている。社会保障のウェイトが高くはないスウェーデンでは選挙によって代表を選出してはいないが、社会保障基金は中央政府からも地方政府からも独立した機関となっている。

いうまでもなく、中央政府は国家として社会統合することに最終責任を負う。そのため防衛や司法、警察など国家そのものを維持していく公共サービスだけではなく、地方政府の現物給付にも、社会保障基金政府が提供する現金給付にも、ミニマムを保障する「中央政府責任(central responsibility)」を果たさなければならないことになる。

このように「三つの政府体系」に再編成すれば、財政民主主義は有効に機能するはずである。

というのも、国民はどのような共同事業のために、どのように共同負担をするのかが明確になるからである。国民は生活の「場」である地域社会の住民として、地方政府に地方税を支払い、生産の「場」の組合員として、社会保障基金政府に社会保険料を支払うことになる。

そうすると、地域社会の共同事業としてどのような現物給付を、どの程度提供し合うかを決め、そのためにどのような地方税をどの程度負担し合うかを、地域住民として決定できる。社会保障基金の構成員としても、どのような社会保険料を、どの程度負担し合うかを決めることができる。

中央政府の構成員たる国民として、地方政府の現物給付と社会保障基金政府の現金給付にどの程度の最低保障責任を果たすかを決め、それに対応してどのような国税をどの程度負担し合うかを決定すればよいことになる。このように「三つの政府体系」を形成することによって、財政民主主義が有効に機能するための条件が整備されるはずである。

もちろん、こうした「三つの政府体系」という構想は、民主主義を有効に機能させるための画像にすぎない。この画像に生命の息吹を吹き込み、現実に動く操作像として機能させるためには、社会の構成員が信頼の絆を形成し、民主主義に対する信頼を培う不断の努力が求められることはいうまでもない。

第5章

人間らしく生きられる社会へ

——地域の協働と民主主義の再生へ

太った豚になるよりも、痩せたソクラテスになれ

「太った豚になるよりも、痩《や》せたソクラテスになれ」

私は第二次大戦の終結とともに、「生」を受け、高度成長の最盛期に、東京大学に入学した。入学した年(一九六五年)の卒業式で、大河内一男総長は冒頭に掲げた言葉を、式辞として卒業生に訴えたのである。

この名言は、偉大な経済学者ジョン・スチュアート・ミル(John Stuart Mill)の言葉である。もっとも、この言葉は大河内総長の式辞の原稿にはあったが、実際の卒業式では読み飛ばされ、幻の言葉となっている。にもかかわらず、この式辞をメディアは、大々的に報道したのである。

人間はホモ・サピエンス、つまり「知恵のある人」である。それなのに、人間はホモ・サピエンスだという誇りをかなぐり捨て、屈辱に涙しながら、悲しみを堪《こら》えて、「量」ばかりを追求する「太った豚」にならなければならないと生きてきた。しかし、もはや悲しみに堪えて、欲望や快楽に耽《ふけ》る必要はない。人間がホモ・サピエンスとして、人間らしく生きていくことのできる暁《あかつき》が来たのである。

ミルはすでに、「資本及び人口の停止状態なるもの」が到来することを見抜いていた。しか

し、ミルは一八四八年に著した『経済学原理』で、「資本及び人口の停止状態なるもの」が、「必ずしも人間的世界の停止状態を意味するものではない」と指摘している。それは「あらゆる種類の精神的文化や道徳的社会的進歩のための余地」も、「「人間的技術」を改善する余地」も変わらないからである。

それどころか、技術改善の可能性は、「人間の心が立身栄達のために奪われることをやめるために、はるかに大きくなるであろう」と唱えている。産業上の改善も従来どおりに実施されるが、唯一の相違は、「ひとり富の増大という目的のみに奉仕するということをやめて、労働を節約させるという、その本来の効果を生むようになる、ということだけとなる」と指摘していたのである。

そうだとすれば、「資本及び人口の停止状態なるもの」が訪れていたとしても、脅える必要はない。なぜなら、そのことは経済システムにおいて生産活動のために拘束される時間が減少し、社会システムで人間らしい生活を送ることのできる時間が飛躍的に増加することを意味しているからである。

ホモ・サピエンスがホモ・サピエンスとして自由に過ごせる時間が増大すれば、人間的能力が培養され、「労働の節約」という「産業上の改革」が進み、人間が人間的に過ごす自由時間が増大するという好循環が生じることになる。そうなると、ホモ・サピエンスは「太った豚」

になろうとはしない。ホモ・サピエンスとしていかに生きるべきかと深く熟慮して生きる「痩せたソクラテス」になろうとすることになる。

所有欲求から解放された「痩せたソクラテス」になることは、人間の人間的欲求である存在欲求の充足を追求することにほかならないことを忘れてはならない。つまり、社会システムにおいて生理的欲求を充足する時間を超えて、自由時間が増加すれば、人間は人間と触れ合い、自然と触れ合いながら、自分自身の「点」を見定めようとする。それはソクラテスが自己の「点」を見出すために、他者との「対話」を繰り返したことが示唆している。

人間は、他者にとって自己の存在が必要不可欠な存在だと実感することによって、幸福を実感する。それは人間と人間とが調和し、人間と人間とが愛し合うことによって存在欲求が充足されていることを意味する。

存在欲求を充足することが「生」の目的だと認識すれば、経済システムの生産活動は「生」の目的ではなく、「生」の「手段」となる。所有欲求と相違して、存在欲求は市場取引では入手できないからである。人生の目的は市場で販売していない。人生にとっての手段しか入手できない。人間は人間と触れ合い、習慣を形成して、人間の絆を創っていく。そうした絆の創造によって存在欲求は充足されるのである。

「量」の経済から「質」の経済へ

人間の社会が追求する社会目標が、所有欲求の充足から存在欲求の充足へと転換すると、社会システムにおける人間の生活様式が、人間の生命活動を最優先する方向に変化するとともに、経済システムも人間の生命活動を支えるという本来の使命に立ち返らざるをえなくなる。所有欲求を充足する「大量生産・大量消費」の「量」の経済は、存在欲求を充足する「質」の経済へと転換していくことになる。

「量」を「質」に変換するのは、ホモ・サピエンスとしての人間の知恵である。人間の生命活動という視点からすれば、生産とは人間が自然に働きかけて、人間の生命活動に必要な有用物を創り出す営みである。人間は自然に存在する物量に、知恵あるいは情報を加えて有用物を創り出す。情報(information)とは「形を与える(in-formare)」という意味であることを忘れてはならない。

人間は鉄鉱石に働きかけて、鉄の矢尻を製作する時にも、脳裏にある情報を加えて製作する。もちろん、鉄の矢尻よりも、心臓のペース・メーカーを製作する時のほうが、自然の物質に加える情報量が圧倒的に増加する。「量」の経済が「質」の経済に移行するということは、工業生産物でも人間の知恵というオブラートに包んで製造されることを意味する。

農業も同様である。工業化された農業から「知識集約型農業」となる。自然への深い知識によって、自然の肥沃《ひよく》性を高めて、「知識集約型農業」で農産物が生産されることになる。

もちろん、「量」の経済から「質」の経済に転換するには、ホモ・サピエンスとしての人間的能力を高めることが求められる。こうして高い人間的能力を必要とする職務が急増し、人間を人間的に使用する知識集約産業が基軸となる産業構造が形成されていくのである。

しかし、「量」の経済が「質」の経済へ転換するということは、「交換価値」よりも、人間の生命活動という視座からみた「使用価値」を重視することを意味する。したがって、政治システムは財政を通じて、経済システムの市場経済が、そうした「使用価値」を重視できるように制御していく必要が生じるのである。

すでに述べたように、人間を含めて地球上の生命体は、緑色植物が太陽エネルギーを捉えて蓄積したエクセルギーを分かち合って生命を維持している。人間の生命活動に必要な食料も、衣料もさらには住宅も、生命体に蓄積されたエクセルギーで調達できる。しかも、生命体に蓄積されたエクセルギーを利用すれば、その廃棄物は自然が見事に再利用してくれ、廃棄物問題が生じることもない。しかし、石油、石炭、鉱物などの非生命体に蓄積されたエクセルギーを利用すると、生態系での処理は、再生不能なため困難となってしまうのである。

もちろん、「質」の経済では、エネルギーも「質」に応じて使用する必要がある。電気エネルギーは極めて「質」の高いエネルギーである。電気分解も可能だし、コンピューターも稼働させることができる。熱エネルギーは「質」の低いエネルギーであり、暖めることしかできない。スウェーデンの環境の教科書『視点をかえて』は、「家の中を電気で暖めようとすることは、電動ノコギリでバターを切るのと同じぐらい愚かなことだ」というエネルギー学者エイモリー・B・ロビンス(Amory Bloch Lovins)の言葉を紹介して、エネルギーの「質」に応じた使用の大切さを説明している。

スウェーデンのエコ・ビレッジの家の屋根は、黒いパネルで覆われている。しかし、このパネルは太陽光を電気には変えない。太陽熱を集めて、ヒートポンプで暖房や冷房を行っている。エコ・ビレッジの灯りは、バイオマスによる小さな発電施設で発電する。大規模な発電所での発電は、「質」の高い電気エネルギーを必要とする電気分解などに使用されることになる。

人間の知恵によって、「量」を「質」に置き換えるということは、人間と自然との質量変換である経済システムにおいて、人間と自然との最適な質量変換を追求することにほかならない。自然に存在する物量に対して、人間が追加する知識量が飛躍的に増加すれば、自然に存在する物量の使用は、飛躍的に節約される。自然資源多消費型生産物は知識集約型生産物に取って代わられることになる。

もちろん、「量」が「質」に置き換えられると、耐久性は向上する。しかも、使い易くなるばかりか、修理も容易となって、使用期間は長期化する。こうして自然資源は急速に節約されることになるのである。

地域社会から存在欲求を充実させる

いまみたように、所有欲求の充足から存在欲求の充足へと社会目標を転換していくと、経済システムも「量」の経済から「質」の経済へと変化していくことになる。それによって自然と人間との物質代謝という本来の経済の意義が姿を表してくるといってもよい。

「量」の経済から「質」の経済へと構造変化を遂げる経済システムでは、所有権を設定して、所有権を交換する市場機能が大きく転換する。市場での交換手段は貨幣である。もちろん、貨幣は交換手段であると同時に価値尺度であり、それ故に価値貯蔵機能をもち、支払手段としても機能することになる。

ところが、所有欲求から存在欲求の充足へと社会目標が転換し、「量」の経済が「質」の経済へと移行していくと、財・サービスの価値も、その意義も大きく変化する。もちろん、「所有」している「価値」を「交換」する意義も変化する。さらに「交換価値」よりも「使用価値」を重視せざるをえないことは、すでに述べたとおりである。しかも、その「価値」は現在の貨幣では測りえない、エネルギーの「質」であるエクセルギーを反映したものになるはずである。現象からみると、現在は金融の時代のようにみえてしまうけれども、それはむしろ現在の貨幣が歴史的使命を終えつつある現象と考えるべきである。

このように「量」の経済から「質」の経済へと移行し、「所有」「価値」「交換」という現象が変化しているため、新しい経済の台頭が唱えられている。「所有」に対して、シェアリング・エコノミーやコモン・エコノミーが唱えられ、また「交換」に対して、ギフト・エコノミー、さらには循環型経済が唱えられていく。しかも、こうした新しい経済の登場は、情報通信技術の発展によるコミュニケーションの拡大と結びついている。

しかし、情報通信技術の発展によるコミュニケーションの拡大は、存在欲求に対して諸刃の剣として機能する。人間と人間とが調和し、愛し合う方向で機能することもあれば、怒りや憎しみを煽り、所有欲求の追求へと駆り立てていく場合もあるからである。

もちろん、存在欲求とは人間と人間、さらには人間と自然との生命の触れ合いで充足される。それ故に生命体に蓄積されたエクセルギーの価値を重視することになる。したがって、情報通信技術も人間の生命活動としての絆を取り戻すために導入されなければならないのである。

そうだとすれば、「量」の経済を「質」の経済に移行させるということは、所有欲求を充足するために、大量生産・大量消費を目指すような経済から転換し、人間の生命の再生と、それを支える自然の自己再生力を取り戻すことを意味している。つまり、人間の生命活動のために自然に働きかける経済システムを、人間の生命活動の論理に従わせることだといってよい。人間の生命活動のための基礎的ニーズを優先的に充足するということは、所有欲求を野放しにせずに、人間と人間、人間と自然とが調和することによって充足される存在欲求を追求していくことを意味している。

生物的個体としての人間の生命は、人間と人間、人間と自然とが織りなす生命のネットワークの中に存在している。人間の生命活動は、家族という「最後の共同体」で営まれている。もちろん、それは人間という生命が、孤立しては存在しないことを意味している。

生命活動をともにするために組織されている家族には、共同体的な絆が存在し、家族の構成員の生命活動のために貢献したいと願い合っているという協力原理が機能している。そうした家族内での協力原理を、家族間に拡延して地域社会が形成されることになる。

崩れ落ちる地域共同体

人間の生命活動である生活を取り巻く自然環境は、地域ごとに個性溢れる独自の自然景観となっている。もちろん、人間の生命活動は、そうした個性ある自然環境を基盤として形成される。人間の生命活動と地域の自然環境との関係によって、人間の生命活動も自然景観の特色に適応した生活様式としてでき上がっていく。

人間の生命活動の基礎単位である家族同士が、地域の固有な自然環境のもとで協力して生命活動を営むために、固有の生活様式を形成して地域共同体を築いていく。生命活動を営んでいくための共通の価値観や情感を育み、地域の社会環境を創り上げていくことになる。

こうした地域共同体は、日本でいえば「自然村」と表現され、ヨーロッパでみると、ドイツでは「ゲマインデ(Gemeinde)」、フランスでは「コミューン(commune)」、イギリスでは「パリッシュ(parish)」にあたるといってよい。それは行政などによって上から制定された地域区分(「行政村」)に対して、自然発生的に成立した村などを指す。

もちろん、地域共同体では、人間がこの世で生を受けてから成長し、老いて死に至るまでのすべての生活機能が包括されている。つまり、人間の包括的生活機能が営まれる生活空間なのである。

日本では明治維新で自然村を崩して、行政村を成立させてしまったが、ゲマインデもコミューンもパリッシュも、自然村であると同時に行政村である。ヨーロッパの地域共同体では、ゲマインデにみられるように全権限性と自己責任の原則にもとづいて、その「自治」が保障されている(玉野井芳郎『エコノミーとエコロジー——広義の経済学への道』二八三頁)。なぜなら地域共同体では、共同の困難として生じる生活の「場」における問題が、自発的協力によって解消できない場合、その構成員の共同意思決定でそれを克服しようとしていくからである。

地域共同体という社会システムでは、構成員が家族内部、さらには家族間の自発的協力によって、生活を保障し合っている。つまり、家族内部や家族間の自発的協力である相互扶助や共同作業によって生命活動の基礎的ニーズを充足していく。もちろん、こうした自発的協力で基礎的ニーズが充足できない場合には、構成員による共同意思決定にもとづいて、政治システムによる強制的協力で充足することになる。

地域共同体の生命活動に必要な生産物は、地域の自然に働きかけて経済システムが創り出す。そうした生産活動に必要とされる、共同で利用する施設などの建設や管理なども、地域共同体の構成員あるいは家族の自発的協力によって実施される。しかも、こうした自発的協力の限界も、構成員の共同意思決定にもとづく強制的協力で克服されることになる。

ところが、要素市場が存在する市場社会では、生活の「場」と生産の「場」が分離していることを忘れてはならない。そのため前近代社会を理念型として想定できるように、地域に固有な自然環境に抱かれて、生産活動と生命活動としての生活が統合して行われる地域共同体は崩れていかざるをえなくなる。

要素市場が存在し、工業を基盤とした市場社会が成立すると、自然に働きかける手段である機械設備を備えた工場が地域社会に立地され、そこで生産活動は行われる。そのことは地域共同体から生産活動が分離していくことを意味する。地域共同体の構成員は、生産活動の存在する地域社会に働きに行き、生活のみを地域共同体で営むことになる。もちろん、生活そのものを、生産活動の存在する地域社会に移す現象も生じてくる。

農業が「生ける自然」を原材料とするのに対し、工業は「死せる自然」を原材料とする。「生ける自然」を原材料とする農業は、自己再生力のある自然を破壊することはない。自然の自己再生力を破壊してしまえば、農業は自滅してしまうからである。

「死せる自然」を原材料にする工業の生産機能を担う工場は、原材料の入手しやすい都市に立地される。しかし、それは原材料の産地であることを意味しない。むしろ交通の要地であることが条件となる。しかも工業社会では、工業の生産機能が生活機能の「磁場」となるため、原材料が入手しやすい立地に散在する工業都市へと、人口が集まることになる。

ところが、工業社会が軽工業の段階から重化学工業の段階に移行すると、企業規模が巨大化し、工場機能と管理・企画を担う事業所機能が分離してくる。そうなると管理・企画機能が集中する中枢管理都市と呼ばれる巨大都市が誕生してくることになる。こうした中枢管理都市が出現すると、それが創り出す巨大市場を狙って、耐久消費財などの戦略産業の生産機能がその周辺に立地してくる。

このように生産の「場」と生活の「場」が分離している工業社会では、生産機能が生活機能の「磁場」となって、生産機能の変動に生活機能が引き回されることになってしまう。その結果として、人間の生命活動が営まれていた地域共同体の自然環境も社会環境も崩れ落ちてしまったのである。

持続可能な都市の創造——地域の生活機能の再生から

自然環境も社会環境も破壊されていくなかで、いま直面している「根源的危機の時代」を克服しようとする動きが台頭してくるのは当然である。「根源的危機の時代」において、人間の生命が存亡の危機に陥り、誰もがそのことに対して恐怖せざるをえないからである。

もっとも、「根源的危機の時代」を演出したリーマン・ショックやコロナ・パンデミックに襲われる以前から、自然環境や社会環境を再生して、人間の生活の「場」としての地域共同体を再創造しようとする運動は始まっていた。つまり、人間の生命活動に必要な清らかな空気、澄んだ水、緑の空間を再生しようとする生活者としての運動である。

工業に汚染される以前の自然環境を取り戻すということは、当然ながら、生活様式を自然環境に調和するように形成していくことになる。それは近代以前の生活様式を復興させることでもある。もちろん、生活様式とは文化である。したがって、ヨーロッパでは「環境」と「文化」を合言葉にした、生活の「場」としての地域共同体の再創造運動が展開していくことになる。ヨーロッパ委員会が打ち出した「持続可能な都市(sustainable city)」も工業の衰退によって荒廃した都市を、「環境」と「文化」を合言葉に生活の「場」としての都市に再生させようとする運動だったといってよい。

「環境」と「文化」を取り戻すストラスブール

「持続可能な都市」の模範生だと讃えられるフランスのアルザス・ロレーヌの中心都市ストラスブールでは、「環境」と「文化」を合言葉にして、工業によって破壊された自然環境を取り戻すとともに、そうした自然環境のもとで営まれてきた伝統的な生活様式としての文化を復興させていった。つまり、自然環境と社会環境を取り戻し、地域共同体を再創造したのである。

ここで指摘しておかなければならないことは、このように生活の「場」としての地域共同体が再創造されると、衰退していく工業に代わって、知識集約産業が花開いていくということである。つまり、地域社会を生活の「場」として再創造して、生活機能を充実させていくと、新しい生産機能が生み出されてくる。そのことは、工業社会では生産機能が生活機能を引き寄せる「磁場」となるのに対し、ポスト工業社会では生活機能が生産機能の「磁場」となることを教えてくれている。

「水の都」といわれるストラスブールでは、美しき水を取り戻す環境政策が打ち出された。それとともに、一九八九年に市長に就任したカトリーヌ・トロットマン(Catherine Trautmann)は、清らかな大気を取り戻すために、市街地への自動車の乗り入れを禁止し、LRT(Light Rail Transit)、つまり次世代型路面電車を市街地に導入することに踏み切った。大気汚染の原因である自動車を都市内から締め出し、自然に優しく、かつユニバーサル・デザインでもある公共交通の整備を目指したのである。

　こうした政策により、ストラスブール市内は自動車の走らない解放区となる。市内の移動は路面電車を利用することになる。市内に入る路面電車の駅には、パーク・アンド・ライドで自動車の駐車場が設けられている。パーク・アンド・ライドとは、自宅から最寄りの駅・停留所などまで自動車で行き、そこから公共交通機関を利用して目的地に行くといった方法のことである。駐車場に自動車を置き、駐車料金を支払うと、公共交通機関の一日乗り放題券が無料で支給される。しかも、自動車に何人乗っていようとも、乗車人員分が支給される。

　次世代型路面電車は芝生の上を走り、市街地を自動車が走らないので、誰もが散歩したくなる公園のような都市になる。商店街は自動車で走り抜けられるよりも、歩いて訪れてもらったほうが活況を呈する。そのためブランド店やフランチャイズも進出し、商店街も繁栄する。

　しかも、生活者による生活様式としての文化の復興は、人間を成長させる教育の復興と連動する。文化を復興させ、社会環境を再生させる共同事業は、教育の共同事業を包摂することにもなる。

　ストラスブールの人口は二三万人程度だが、ストラスブール大学の大学生数は五万五〇〇〇人である。しかも、自然環境も社会環境も復活し、誰もが生活したくなるような生活機能が備わると、教育機能や国際機関も引き寄せられてくる。ＥＵのヨーロッパ議会もストラスブールに設置され、フランスの超エリート養成機関であるＥＮＡつまり国立行政学院もストラスブールに移ってくる。

そうなると、グーテンベルク（Johannes Gensfleisch zur Laden zum Gutenberg）やパスツール（Louis Pasteur）という偉人を生み出したストラスブールの文化が花開き、知識集約産業が隆盛していくことになる。バイオテクノロジーをはじめとする先端研究を担う研究機関が有機的な関係を形成しながら集まってくるからである。

誰もが生活したくなるような自然環境と社会環境の豊かな地域社会に、知識集約産業を担う人間が育ち、かつ集まってくることを、「持続可能な都市」を目指したストラスブールの経験は物語っている。

「公園のような都市」づくり――ドイツ・ルール地方

アルザス・ロレーヌとともにライン川沿岸に立地する、もう一つのヨーロッパ屈指の工業地帯は、ドイツのルール地方である。このルール地方の経験も、ストラスブールと同様の教訓を語っている。

ルール地方も一九八〇年代までは、重化学工業による自然破壊と荒廃する工業都市を象徴する存在となっていた。しかし、荒廃する工業都市を「公園のような都市」に再生するプロジェクトがスタートする。つまり、ルール地方を流れるエムシャー川にちなんで「エムシャー・パーク」を合言葉に、自然景観のもとに人びとが集う「公園のような都市」に再生させようとしたのである。公園のようなランドスケープを創り出すとともに、住宅を整備し、生活環境を整えていく。

このようにしてルール地方でも、生活の「場」として地域共同体を再生させると、そこに新しいタイプの知識集約産業が展開していくことになったのである。

経済指標から社会指標へ

生活の「場」としての地域共同体を再創造しようとするヨーロッパの運動は、社会目標を所有欲求の充足から、存在欲求の充足へと転換しようとする動きだと認めてよい。所有欲求は、経済システムで営まれる生産活動によって充足される。これに対して存在欲求は、人間の生命活動の場である社会システムで充足される。したがって、こうしたヨーロッパの運動にみられる動きは、人間の生命活動が営まれる社会システムを経済システムの手段となるように調整するのではなく、経済システムが社会システムの手段となるように転換していくことにほかならないのである。

このような動きは、所有欲求の充足による豊かさを表すＧＤＰのような経済指標を社会目標にすることを否定する。むしろ「幸福度」などと呼ばれる新たな社会指標を開発し、社会目標とする流れを生み出す。「持続可能な都市」を掲げるこうした運動を背景にして、二〇〇八年にフランスの大統領サルコジ(Nicolas Paul Stéphane Sarközy de Nagy-Bocsa)は、ジョセフ・Ｅ・スティグリッツ(Joseph Eugene Stiglitz)とアマルティア・セン(Amartya Sen)という二人のノーベル経済学賞受賞者に、ＧＤＰに代替する新しい社会指標の研究を委託した。しかもこの年には、アジアの小国ブータンが「国民総幸福(Gross National Happiness)」を社会目標にすることを憲法で規定すると、新しい社会指標を自国の社会目標とする動きが広がっていく。

日本でも時を同じくして、同様の運動が基礎自治体から始まる。二〇〇七年に東京都荒川区の西川太一郎区長は、豊かさを示すＧＤＰに代わって、「幸福度」という新しい社会指標を追求する「幸福実感都市あらかわ」を掲げ、存在欲求の充足を目指していく。都市開発によって無機質な高層建造物が林立し、地域共同体における人間の絆も失われていく。そうした人間の絆を取り戻すことによって、存在欲求の充足を意図したからである。

二〇〇九年に荒川区自治総合研究所を設置して、存在欲求の充足の指標として「荒川区民総幸福度(ＧＡＨ)」を開発する。しかも、こうした政策の立案過程でも、さらには執行過程でも、自治会や消防団などの住民組織を活性化させて、住民の参加を図っていく。

こうした動きに連動し、「幸福度」という新しい社会指標を社会目標として、地域社会を運営していこうとする基礎自治体、つまり区市町村が急速に広がっていく。そうした基礎自治体は相互に協力し合いながら、社会目標の転換に挑んでいく。このように志を同じくする基礎自治体が協力し合うための組織として、「幸せリーグ」も結成される。この「幸せリーグ」に加盟している基礎自治体は二〇二三年五月現在で七八の区市町村にも達している。

大正デモクラシーの教訓

ストラスブールが「環境」と「文化」を合言葉に、LRTを敷設しようとすれば、そのために交通機関税を課税できる権限が、フランスの基礎自治体にはある。この交通機関税は、ストラスブールに立地する企業の支払う賃金に課税される。

しかし、日本の地方自治体のように、財政面での自己決定権限が制約されていると、地域独自の事業展開には苦労する。LRTの導入でも、既存の路面電車の軌道が利用できれば、熊本市のように地方公共団体金融機構の融資などで実現できる。富山市のように延伸が必要な場合でも、どうにか実現できる。ところが、宇都宮市のように新たに軌道の敷設から始めるとなると、大いなる労苦が求められてしまうのである。

そうなると、自然環境と社会環境を取り戻し、生活の「場」を再生しようとする運動は、自分たちの生活と未来を決定する権限を獲得する運動と結びつく。つまり、民主主義を求める運動となって登場してくるのである。

歴史の教訓に学べば、民主主義を求める運動は、地域共同体での生活と未来を決定する権限を求める運動だったといってもいいすぎではない。日本で巻き起こった下からの民主主義運動といえば、大正デモクラシーが想起されるはずである。下からの運動として大正デモクラシーが生じてくる背景には、第一次大戦の影響で物価が高騰し、地域共同体で営まれていた生活が破綻したということがある。そうした民衆の生活の苦しさは、一九一八年の米騒動となって爆発している。

このような生活の破綻状態を眼前にして、三重県度会郡七保村《わたらいぐんななほむら》の大瀬東作《おおせとうさく》村長が「小学校教員俸給国庫支出請願運動」を展開する。地域社会の惨状に為す術《すべ》もない市町村の地方財政に対して、一九一八年には「市町村義務教育国庫負担法」が制定されていた。この義務教育国庫負担は、現在でいえば交付税が担っている地方自治体間の財政力格差是正機能をも果たすことになっていた。

しかし、国庫負担額は市町村の教育費のわずか一割にすぎず、大瀬村長は激しい増額運動を繰り広げる。しかも、全国の町村長に檄を飛ばし、地方自治を強化するための全国組織の結成を呼びかけて、一九一九年には七保村に全国町村長会創立事務所が設けられ、翌年に東京市で全国町村長会が創立されたのである。

こうして創立された全国町村長会は、郡長廃止運動(郡長とは、府県と町村の間に位置する郡に、府県知事によって任命された官吏である。一九二三年の郡制の廃止にともない、郡長も二六年に廃止された)や、地租と営業税という二つの国税を地方税に委譲せよという「両税委譲運動」を展開し、大正デモクラシー運動を担っていく。大正デモクラシーとは地方自治を求め、地方分権を推進しようとした運動だったといってよい。

大正デモクラシーの成果として一九二五年に普通選挙法が制定される。一九二八年の普通選挙で、時の二大政党である政友会の選挙ポスターは、「地方に財源を与ふれば　完全な発達は自然に来る」「地方分権丈夫なものよ　ひとりあるきで発てんす」と謳っている。こうした選挙ポスターは、大正デモクラシーが地方自治を求め、地方分権を推進する運動だったことを如実に物語っている。

ところが、一九二九年の世界恐慌に襲われると、大正デモクラシーを推進した歴史の流れは反転する。地方分権に向かうべき潮流は中央集権に向かう潮流へと転換し、戦争への道を突き進んでいく。もっとも、日本に限らず多くの先進諸国が、この世界恐慌を契機に、地方分権から中央集権へと舵を切り換えていく。それは世界恐慌からの景気回復を、戦争の準備と戦争の遂行に求めたからである。

信州で芽生えた国民教育運動

スウェーデンでは「危機の時代」に陥ると、国民教育運動を基軸とする国民運動によって、民主主義を高揚させ、国民一人ひとりがかけがえのない能力を発揮して、共同意思決定で未来を選択し、そこからの脱出をしてきた。そのため自然環境や社会環境が崩れ落ちていく「根源的危機の時代」に足を踏み入れると、スウェーデンはそうした国民運動を高揚させていく。さらにコロナ・パンデミックに襲われるや、国民運動を基盤にした国民統合によってその危機を乗り越えたのである。

スウェーデン、さらにはデンマークでは、国民教育運動によって民主主義を活性化させ、自然環境や社会環境の破壊による共同の困難を克服して、地域共同体を再創造しようとする。こうした運動は、日本でも着実に芽生えている。しかも、民主主義運動が高揚した大正デモクラシーの伝統を守り育ててきた地域社会で生じている。実際、そうした運動は、スウェーデンやデンマークの民主主義を支えた国民教育運動とも結びついているのである。

大正デモクラシーが花開こうとする時に、後藤新平と新渡戸稲造は「通俗大学」運動を展開する。「通俗」とは、学問を広く大衆に広めるという意味である。この「通俗大学」運動を普及するために、彼らは全国を巡回して講演している。そうした後藤らの運動に、当時三〇歳だった長野県の尋常小学校の若き校長・平林広人が呼応する。

平林はスウェーデンやデンマークで展開された国民教育運動に逸早く注目していた。とりわけ、農業国デンマークで農民を中心に展開された国民教育運動が、国民が学び合う組織として「国民高等学校（フォルケホイスコーレ）」を結成していたことに着目した。しかも、「国民高等学校」が、夏期休暇に合宿して単位を取得する「サマー・スクール」を開催したことに強い関心を示したのである。

そこで平林は「地方文化興隆のためにも成人の教育を充実させよう」とする意図のもとに、「信州大学の第一歩として夏期大学の開設を促す」という提案を、雑誌『信濃教育』（一九一六年五月号）に発表する。すでに長野県北安曇郡《きたあづみぐん》では、教育者たちが自発的に学び合う組織として、北安曇教育会が組織されていたので、平林は北安曇教育会の合意のもとに、後藤と交渉し、「夏期大学」の創設を実現させる。

後藤は経済界や教育会などに呼びかけ、「信濃通俗大学会」を設立した。これによって長野県の大町市にある木崎湖《きざき》畔に「信濃木崎夏期大学」の校舎が建設されることになる。現在もこの校舎が使われている。こうして一九一七年に日本で最初の「サマー・スクール」が「信濃木崎夏期大学」として開講する。開講にあたって、後藤は「夏期大学と文明生活」というテーマで講義を行い、大正デモクラシーを指導した吉野作造も「支那革命史」と題して、二日間に及ぶ講義を行ったのである。

「信濃木崎夏期大学」の運営は、北安曇教育会のボランティア活動によって担われている。それは現在まで継承されている。開講当時でいえば、交通が不便であったにもかかわらず、聴講生の記載をみると、北は北海道・青森から、南は宮崎・鹿児島まで、さらには樺太、台湾、満州なども記されている。

スウェーデンやデンマークの国民教育運動は、自ら教養を身につけることで、普通選挙を求める民主主義運動でもあった。そうした国民教育運動の影響を受けた「通俗大学」運動が、一九二五年の普通選挙法の制定にもインパクトを与えたことは間違いない。

現在でも「信濃木崎夏期大学」は北安曇教育会を中心に、地域社会の人びとのボランティア活動で運営されている。もちろん、こうした「学び合う」活動を準備し運営すること自体が、地域共同体の構成員同士の絆を強めることになる。しかも、豊かな自然環境に抱かれて学び合うことによって、自己の人間的能力を高めるだけではなく、他者との絆をも形成していくことになる。それは共同の困難を認識し、その解決のために生活者として積極的に行動をする契機ともなるのである。

民主主義の活性化に向けた自治体の役割

民主主義の運動は下からの自発的な活動で支えられるものである。したがって、政府はそれを上から組織するのではなく、自発的な活動が維持・継続できるように支えることが求められる。一〇〇年を超える伝統を継承する「通俗大学」運動は、未来へと引き継ぐべき自発的な活動である。そのため大町市は「夏期大学」の運営はグラス・ルーツのボランタリー・セクターの組織活動に委ね、「夏期大学」が運営できる条件を整備して積極的に支援している。大町市は「学び合う」運動によって、豊かな自然環境と社会環境に溢れた「故郷存続運動」を自発的な民主主義運動として展開しようとしているのである。

大町市は豊富な水力発電に恵まれ、アルミ工業や紡績業を発展させてきた工業都市である。同時に、北アルプスの自然環境に抱かれながら、長い年月をかけて守り育ててきた人間の絆という社会環境が息づいている。もちろん、工業社会からポスト工業社会へと移行すれば、工業は衰退していく。そこで大町市を再生させるために、牛越徹《うしこしとおる》・大町市長は大正デモクラシー以来の「学び合う」運動を支援することによって、大町市民が生活と未来を相互に近づき合いながら自主的に選択していくことを企図したといってよい。それは豊かな自然環境を存続させながら、自然環境の風土的個性に調和した地域共同体を再創造する運動だということができる。

このように地域社会の構成員の一人ひとりが主体的に生活者として行動し、美しい自然環境を存続させ、生活の「場」として地域共同体を再創造する運動が生まれる。さらに、そうした運動を基礎自治体が支援し、その運動が活性化する制度条件を整備する役割を果たそうとする。しかも、こうした一連の動きが広域自治体を突き動かすことになる。

そもそも長野県は、「教育県」といわれてきた。そのため「夏期大学」の運動は大町市から軽井沢町や須坂市などへと広がっていく。さらには富山に抜ける立山黒部アルペンルートを辿るように、富山県の立山町へも伝播していく。このように生活者の運動は、水平的に拡延するだけではなく、下から上へも泉の如く吹き出していく。

宇沢弘文先生が座長を務められた「長野県総合計画審議会」の最終答申である「未来への提言――コモンズからはじまる、信州ルネッサンス革命」(二〇〇四年三月)は、「アメリカ的な経済発展のプロセスは、世界各地で自然、社会、文化の広範な破壊をもたらし、大きな社会問題を引き起こしてきた」として、前述したヨーロッパの「持続可能な都市」の運動を高く評価していた。つまり、「一九八〇年代の半ば頃から、ヨーロッパを中心として、アメリカ的な経済発展のプロセスによって破壊された自然と都市を再生し、失われた歴史と文化を復活させようとするという動き」に学ばなければならないと唱えられていたのである。

こうした運動は、それぞれの都市が生活や文化の「質」を競い合う状況を生んでいる。かつては国家間で「富」と「量」を求めて、暴力による争いが生じたが、生活や文化の「質」や

「美しさ」を競い合えば、人びとには幸福がもたらされ、平和が実現すると、宇沢先生は主張されたのである。

こうした宇沢先生の思想を導き糸にしながら、二〇一〇年に長野県知事に就任した阿部《あべ》守一《しゅういち》知事は、社会目標を所有欲求の充足から存在欲求の充足へと転換する「大変革への挑戦」を目指す「総合5か年計画」（二〇一三―一七年度）を策定する。

この総合計画は、長野県の特性の第一に、「学びの風土と自主自立の県民性」を掲げている。そうした「学びと自治」という誇るべき民主主義の風土を生かし、豊かな自然環境と調和した多様な生活様式としての文化を創り出そうとしている。もちろん自然環境と調和した社会環境を創造することの目的は、存在欲求の充足による幸福の実現である。したがって、この総合計画は「しあわせ信州創造プラン3.0」と銘打たれているのである。

巨大な富の支配と民主主義の危機

民主主義とは人間がより人間らしい社会を目指して、すべての社会の構成員の共同意思決定のもとに未来を決定しようとする運動である。それは人間が自己の「生」を取り巻く状況に拘束されながらも、その状況を他者との協働のもとに、どのように変化させていくかということに、責任を負うことを意味している。そのため自己の「生」を取り巻く状況を、自己の「生」

と関わりのない一部の人びとが決定していくことに対しては、激しい抵抗が生じる。

　こうして、政治システムへの参加を「私有財産」を所有する者に限定していた近代民主主義は、政治参加を求める激しい抵抗に遭遇し、普通選挙権を認める現代民主主義へと転換していくこととなった。

　実は、普通選挙権の実現と財政機能の拡大は、表裏一体の関係を形成しながら展開していった。なぜなら、財政の機能を拡大するということは、民主主義にもとづいて決定される領域を拡大することを意味するからである。つまり、政治システムの共同意思決定に参加を要求する運動は、財政機能の拡大を要求する運動となる。そのため生産要素に私的所有権を設定・保護することを使命として誕生した財政が、社会システムで営まれる人間の生命活動としての生活を保障することをも、その使命として認められるようになったのである。

　ところが、歴史の舵は逆方向に切られてしまった。民主主義にもとづいて運営される財政は機能を縮小しろ、所得再分配機能や経済安定化機能という生活保障機能から撤退し、市場経済に介入しない秩序維持機能に専念する「小さな政府」にしろ、と唱える新自由主義の経済思想が、世界史の表舞台に君臨してしまったからである。

　もっとも、さすがに政治システムへの参加の排除を主張するわけにはいかない。もちろん、政治システムに参加する社会の構成員には、平等な決定権限が与えられている。しかし、新自由主義の思想が闊歩していくと、政治システムでの共同意思決定における決定権限に、実質的に格差が設けられてしまうのである。

市場経済という経済システムでは、「所有」の大きさによって決定権限が行使される。購買力を多く所有している者、富を多く所有している者が、大きな決定権限を行使できる。しかし、民主主義を建て前としている政治システムでは違う。参加するすべての社会の構成員に等しい決定権限が与えられている。

ところが、経済システムで富の集中が形成されてしまうと、政治システムにおける民主主義の存在自体が危うくなる。巨大な富の前に人びとは跪《ひざまず》くため、富の所有が政治システムの共同意思決定に強力な影響力を発揮するようになるからである。

新自由主義は豊かな者がより豊かになれば、豊かな者の富が貧しき者に滴《したた》り落ちるトリクルダウン効果が働くと主張する。しかし、現実にはトリクルダウン効果は機能せず、夢物語で終わってしまった。

そもそも古典派経済学がかつてトリクルダウン効果を唱えた時には、二つの前提が存在していた。一つは、人間が富を所有するのはいずれ消費をするためであるということである。もう一つは、人間の消費には限界があるということである。そうすると、豊かな者が所有した富をさらに増加させたとしても、消費をしていくには限界があるため、使用人への支払いなどを増加させることになる。そのため、トリクルダウン効果が機能すると唱えられたのである。

しかし現在では、消費することを目的に富が所有されているのではない。富を所有することで、他者を意のままに行動させる権力を手にすることが目的となっている。私の青春時代には、理想だけが大きく、富という権力をもたない若者たちの心情を代弁して、ビートルズは「愛は金では買えない」と叫ぶように歌っていた。

ところが、現在では巨万の富を所有する者は、「愛は金で買える」と豪語する。愛という動機で動く社会システムにおける人間の行動すらも、富を所有する者の意思で変えられるとすれば、富への所有欲求には限度がなくなってしまう。巨大な富を所有すればするほど、他者の行動を支配する力は大きくなるからである。だからこそ、トリクルダウン効果は機能しないのである。

グラス・ルーツでの対抗とポピュリズムの台頭

富の所有者が、自らの意思に従って他者を行動させる力をもつとすれば、それは社会システムにおける人間の行動だけではなく、政治システムにおける人間の行動にも強力な影響力を発揮する。現在の民主主義という共同意思決定過程は、間接民主主義が一般的であるため、巨大な富の所有者の支援があれば、選挙キャンペーンは有利に展開できることになる。アメリカの大統領選挙をみれば容易に理解できるように、選挙資金をどれだけ集めたかが、選挙結果を決定的に支配してしまう。

富の所有は社会の構成員の意思形成、つまり世論形成にも決定的な影響力を発揮する。メディアなどが、巨大な資本に所有されていくだけではない。広告料などを通じて、メディア企業の行動を支配していくことにもなる。そのためいつのまにか、富の所有者の意思が、自分の自発的に決定した意思だと思い込むようにすらなってしまう。

しかし世論形成においても、巨大な富の権力の意思が、地域住民の世論に反映して、グラス・ルーツで生じてくることは、まずありえないことにも留意してく必要がある。というのも、グラス・ルーツで生じてくる地域住民の世論は、地域社会で営まれている住民生活に密着した問題にかかわっているからである。こうした生活に密着した問題が争点となる地方選挙は、時に「溝板《どぶいた》選挙」と揶揄されるように、巨大な富よりも、地域社会を歩いて訴えることのほうが影響力が大きい。というよりも、巨大な富はそもそも地域社会で営まれる住民の生活に関心がないので、地方選挙に介入する意欲は弱いものとなる。

もっとも、新自由主義によって崩された人間の絆を再創造しようとする運動とは真逆の動きが地域社会から生じる可能性のあることも指摘しておく必要がある。「人間は自由なるが故に連帯する」とは、私が継承している財政学を築いた大内兵衛《おおうちひょうえ》先生の言葉である。新自由主義によって人間の絆が崩されていくと、社会環境が失われるという恐怖から逃れるために、自我を捨てる「自由からの逃走」という現象が生じる。つまり、人間の絆を喪失した恐怖から、権威に依存し、匿名の誰かに同調することによって逃れようとする傾向が生じてくる。ポピュリズムが地域社会から駆けあがってくるのも、こうした状況を巧《たく》みに操作するからである。

とはいえ、住民から遠い政府になればなるほど、巨大な富の利害にかかわる政策が決定されていく傾向は強まる。生活にかかわる政策よりも、生産にかかわる政策のウェイトが増大していくからである。そのため、中央政府の政策決定には、巨大な富が決定的な影響力を発揮することになる。

したがって、巨大な富の形成を阻止することこそ、財政の最も重要な使命の一つだと理解されてきた。もちろん、それは民主主義を機能させるためである。日本の民主化を目指した戦後改革としてのシャウプ勧告でも、「不当な富の集中蓄積を阻止」することこそが税制改革の目的として謳われていたのである。

巨大な富が形成されることは、他方で貧困が広がっていくことを意味する。それは中産階級が没落していくことでもある。したがって、新自由主義を批判する「新しい資本主義」でも、中産階級が解体されていくことによる「民主主義の危機」が生じていることを訴えている。

形骸化した民主主義を再創造するために

こうした民主主義の危機を克服するには、財政が「事前的再配分」と「事後的再配分」を有効に機能させ、巨大な富の形成が容易となっている政治システムを転換させる必要がある。それによって構成員の共同意思決定を、巨大な富を所有する者の影響力から解放しなければならない。

巨大な富の所有者たちが求める政策とは、自分たちの限度を知らずに膨れ上がる所有欲求を充足する政策である。それが「強盗文化」を花開かせてしまったのである。

しかし、民主主義の形骸化を嘆いている余裕はない。「強盗文化」の帰結として「根源的危機の時代」に足を踏み入れてしまったからである。私たちには人類の存亡がかかった間違いの許されない共同意思決定をする歴史的責任が求められている。

そうした歴史的責任を果たそうとすれば、すべての社会の構成員がかけがえのない能力を発揮して、この状況を認識しつつ、共同意思決定にもとづき未来を選択していく必要がある。もちろん、共同意思決定を形成する段階では、学び合い、対話を重ね、近づき合いながら相互変容を遂げていく必要がある。こうした相互変容によって、合意を形成して、共同意思決定が実現していくことになる。

民主主義を再創造し、すべての社会の構成員による共同意思決定で人間の生命活動の未来を切り拓いていこうとする運動は、すでに生まれている。それは現在、目指すべきだとされている社会目標に対する疑問を提起することから始まっている。しかも、そうした運動は、巨大な富の影響力が及ばない政治システムの最も小さな共同意思決定の単位である基礎自治体から生まれ始めていることは、すでにみたとおりである。

基礎自治体は、個性のある自然環境と調和する生活様式が形成されている地域共同体を基盤としている。そうした地域共同体が崩されてしまっている現実を眼前にして、生きることの新しい意味を求めて、人間と自然、人間と人間との調和した関係を再創造しようと、学び合い、対話を重ねながら、より人間に相応しい人間の社会を構想する運動が起きているのである。

人間の生命活動が営まれる地域共同体を基盤にした、生活者にとって身近な政府である基礎自治体の共同意思決定は、グローバルに動き回る巨大な富の所有の影響力を受けることはほとんどない。地域社会の生活者は自分たちの生命活動を危うくしてしまうような活動や、自然を貪り食う行動を、自分たちの生活と直結している地域においては阻止しようとする。しかも、人間の生命活動を再活性化させるために、自分たちの生活の「場」の政府である基礎自治体の共同意思決定に、生活者として参加しようとするのである。

そのため「生きることの新しい意味を求める運動」も、身近な人びととのつながりのある基礎自治体の構成員の協働から芽吹いていく。そうした新しい生きる意味を求める運動は、基礎自治体同士の協働運動へも結びついていく。しかも、基礎自治体同士の協働運動が推進されていくと、基礎自治体の集まりとして形成されている広域自治体における協働の運動となっていく。それは広域自治体同士の協働の運動をも形成して、中央政府の運動となっていく。

人類の存亡にかかわる諸課題は、中央政府同士の協働なしには不可能である。しかし、やにわに中央政府レベルで協働しろといっても、それは見果てぬ夢である。

共同意思決定をする公共空間は多層性を形成している。そのため生命活動が営まれる生活の「場」を基盤とする公共空間から、協働する関係を下から上へと積み上げていく必要がある。こうした新しい生きる意味を求める協働運動は、最初は躊躇《ちゅうちょ》に満ちていても、成功と失敗を重ねながら、努力を積み重ねていって初めて意義をもつものなのである。

おわりに――人間を人間として充実させるヴィジョンを描くために

未来へのシナリオは、単に未来を現在の延長として予測するのではなく、人間を人間として充実させるビジョンとして描かなければならない。

この言葉は、拙著『地域再生の経済学』が石橋湛山賞《いしばしたんざん》を受賞した際、宇沢弘文先生が私に下された垂訓《すいくん》である（宇沢弘文「リベラリズムの立場に立った真の意味における経済学者――神野直彦氏の人と業績」『自由思想』二〇〇三年一二月号）。そのため私は「未来へのシナリオ」として、「人間を人間として充実させる」ヴィジョンを描く使命を背負って生きている。

もっとも、「未来へのシナリオ」を描いて、自己の決断に全責任をもって生きていくということは、私に限らず人間すべての宿命だといってもよい。もちろん、「未来へのシナリオ」を描くといっても、人間は生まれた時代状況を運命として受け入れざるをえない。つまり、人間は存在する状況に条件づけられているのである。

とはいえ、人間は自己を条件づけている状況を、より人間的な状況へと変革しようとする。人間はより人間的な存在になろうとして生きているからである。そうした変革に向けた「未来へのシナリオ」を扱うとすれば、現在の状況を理解しながら、現在の状況を超越する「人間を人間として充実させる」ヴィジョンを構想しなければならない。

そのため人間は、自己を条件づけている状況を的確に理解しようとして、自然科学や社会科学、さらには人文科学などの学問を学び、自己の実感だけではなく、それを批判しながら真理に近づこうと努力する。そうした努力を重ねながら、「未来へのシナリオ」を描こうとするのである。

未来には限りがある。この「未来の限界」を認識している人間は奇態な存在である。人間は自己の死の可能性を覚悟し、「未来の限界」を認識している。もちろん、人間は個人的存在としての死を覚悟するだけではなく、人類という存在としても、いずれ消滅する「未来の限界」を認識しているといってよい。それだからこそ、子どもや孫たちの世代が生存できない可能性のある「根源的危機の時代」に足を踏み入れたと指摘されても、そう驚くこともなく受け入れられていくのだと考えられる。

しかし、本書で繰り返し指摘してきたように、人間は「未来の限界」が差し迫っているからこそ、「未来のシナリオ」を描き、未来のために生きなければならない。個人的な事情からいえば、私は死が明日、訪れても何の不思議もない限界状況に生きている。「未来の限界」が差し迫っているからこそ、私は一寸の光陰を軽んずることなく、自分らしい人間になろうとして生きる。

人間の社会にとっても、「未来の限界」が差し迫っているとしたら、「人間を人間として充実させる」ヴィジョンを描いて、人間の社会の本質を実現させることが、喫緊の課題となるはずである。しかも、「根源的危機の時代」における人間の社会の「未来へのシナリオ」は、すべての社会の構成員の共同意思決定に委ねられなければならない。それは社会の構成員の存在にかかわる問題だからである。

それを裏側から表現すると、こうした問題の解決は、いかに偉大な指導者だと讃えられるとしても、指導者の決断には委ねられないということでもある。したがって、社会の構成員による共同意思決定を民主主義と表現するとしても、それは単に指導者を選出する間接民主主義を意味するわけではない。指導者の選出よりも、社会の共同の困難を解決する共同意思決定が問われているからである。そのため本書では、共同体意識に裏打ちされた社会の構成員が、自分たちの運命を自分たちで決定できる共同意思決定空間を下から上へと積み上げて、代表民主主義をも活性化させる途を模索してきたのである。

しかも、「人間を人間として充実させる」ヴィジョンを描く「未来へのシナリオ」は、民主主義を活性化させることによって、財政を有効に機能させるシナリオと結びついている必要がある。これが本書を貫く基本的信念でもある。経済、社会、政治という三つのサブ・システムを財政が調整して、社会統合を果たしていくという本書の立脚している方法論からすれば、民主主義が形骸化してしまい、財政が有効に機能しなかったために、「根源的危機の時代」に足を踏み入れたということになる。したがって、民主主義を活性化させることで財政を有効に機能させて、三つのサブ・システムを再調整することによって、「人間を人間として充実させる」ヴィジョンを描かなければならないのである。

私たちは終末的破局を恐怖してはならない。恐怖すべきは「人間を人間として充実させる」希望のヴィジョンを描く意欲を阻喪《そそう》してしまうことである。「人間を人間として充実させる」未来へのシナリオを描き、希望を胸に、意思の楽観主義にもとづいた努力を重ねることが、「根源的危機の時代」に生を受けた私たちの責任なのである。

あとがき

破局的悲劇は突然、何の予告もなく訪れる。四二歳の大厄を迎えた年の二月一四日、私の視野に突然、雨垂れのカーテンのような幕が下りてきたかと思うと、黒髪のような線状のものが一斉に吹き出し、それが乱舞するような現象が生じた。その現象は眼を拭《ぬぐ》っても変化がないので、眼の中に異変が生じていることは認識できた。

私は急いで当時、勤務していた大阪市立大学の医学部附属病院の眼科の診察を受けた。光が差し込むことのない暗い診察室で、医師は真顔で私に、このままでは失明してしまうことを告げたのである。

左眼の網膜《もうまく》に二つ、右眼の網膜には九つもの裂孔《れっこう》が生じてしまっていた。左眼はレーザー治療で瘢痕《はんこん》組織を創って、裂孔を塞《ふさ》げたとしても、右眼は手遅れ状態でメスを入れて手術をしたうえで、眼をリングで縛ることになった。そのため私は、二カ月半にも及ぶ入院を余儀なくされたのである。

失明という破局的悲劇が生ずるにもかかわらず、何の予兆もないのかと、私は医師に尋ねた。医師は必ずあったはずだと説明してくれた。私は破局的悲劇の予兆を見逃していたのである。

眠りにつく時に、眼を閉じれば、何も見えないはずである。ところが、眼を閉じると、パッパッと光の点滅が生じる。何の痛みもなく、ただ光の点滅が見える。これが光視症《こうししょう》である。

私は網膜剝離《もうまくはくり》の予兆である光視症を体験していた。しかし、徹夜続きであったため、それを眼の疲労にすぎないと見過ごしてしまったのである。

予兆を見逃した代償は大きい。大手術で失明は食い止めたものの、視覚障害に苦しみ、生涯の研究生活を棒に振ってしまったからである。

破局的悲劇の予兆はごく些細なものである。私が生涯をかけて学んだ、この教訓に背中を押されるようにして、本書を世に送り出そうとしていることは間違いない。というのも、破局的悲劇の予兆はごく些細なものだという真理は、社会現象にこそ妥当するように思われるからである。環境問題を含め危機的社会現象には、閾値《いきち》効果が存在すると考えられる。つまり、ある一定の閾値を突破するまでは危機的社会現象は顕在化しない。しかも、閾値を突破するまでに危機的社会現象が発する予兆は、ごく些細なものにすぎないからである。

もっとも、破局的悲劇の体験から学ぶ教訓は、その予兆が些細なために、見逃さないように、心して生きなければならないというものを超えている。網膜剝離という破局的悲劇をどうにか乗り越えても、生来病弱な私は不治の病を告げられる経験を繰り返す。破局的悲劇は乗り越えても、乗り越えても、必ず生じてくる。しかも、最後には「死」という根源的破局に遭遇するという覚悟すら生まれてくる。

　しかし、それでも人間は生きようとする。というよりも、「死」という根源的破局が必然的だと認識しているからこそ、この瞬間に生きる意義を求めて、人間は生きようとしている。しかも、「生」への意欲は、自分と「生」をともにしようとする人びとが存在するからこそ、生まれてくるという真理を学ぶことになる。それは裏側から表現すれば、人間の根源的苦悩は、仏陀の「四苦八苦」の指摘のうち、「愛別離苦《あいべつりく》」だということを意味している。

　このように人間が意欲している「生」は、共にする「生」だと理解すれば、人間の社会も絶滅が必然だとしても、人間の社会が存続する努力を最後の瞬間まで続ける必要がある。そうした努力こそが、人間が「生」をともにするために、社会を形成して生きる「生」の意義である。こうしたささやかな私の「生」から学んだ思想を織り込んで、本書をまとめたつもりである。

　しかし、私はあまりにも年を取りすぎた。書物を一冊まとめあげる自信すらない。だが、私は本書だけは世に送り出したかった。それは岩波新書・新赤版が二〇〇〇冊目を突破する記念に合わせ世に出るからである。

　岩波新書の発刊には、真理を探究する学問への弾圧の歴史が刻印されている。現在と同様に「戦いの太鼓」が打ち鳴らされていた一九三七年に、平和主義者で「反国家的発言」をしたとして追及されていた矢内原忠雄《やないはらただお》教授が、東京帝国大学経済学部から職を辞さざるをえなくなる。

職を追われた矢内原教授に、岩波書店創業者の岩波茂雄が、伝導医師として「満州」に渡来していたスコットランド人クリスティー(Dugald Christie)の自伝的回想記『奉天三十年』の翻訳を奨める。こうして岩波新書は、この『奉天三十年』を第一冊目として発刊されることになったのである。

もちろん、「矢内原事件」を皮切りに学問への弾圧は激しさを増す。一九三八年には、のちに私が東京大学経済学部で講座を引き継ぐことになる大内兵衛教授をはじめ、有沢広巳《ありさわひろみ》助教授、脇村義太郎《わきむらよしたろう》助教授が、治安維持法違反で検挙されてしまう。しかも、一九三九年には平賀譲《ひらがゆずる》総長による「平賀粛学」が断行され、一三名に及ぶ経済学部のスタッフが辞任を余儀なくされたのである。

こうした学問が真理を語ることができなくなるような状況に思いを馳せながら、私は人の名前どころか、漢字すらも想い起こせなくなった老いたる頭脳を叱咤して、この新赤版二〇〇〇冊突破記念の岩波新書だけはまとめあげられることを願った。岩波新書の第一冊目を翻訳した矢内原先生は、「理想に従って歩まない国は亡びている」といった主旨の発言をしたが、そうした表現すらも「反戦思想」として断罪された。もちろん、そうした矢内原先生の思想を本書も継承して、理想を求めて行動を起こさなければ、人間の社会は亡びると考えている。

本書が「財政と民主主義」と銘を打っているのは、厳しい弾圧のもとで大内兵衛教授が切り開いた民主主義を重視する東京大学の伝統的な財政学を継承しているからである。したがって、本書は東京大学で私を導いて下さった加藤三郎先生、佐藤進先生、林健久先生、宮島洋先生の教えの賜《たまもの》である。

もっとも、教え導いて下さったということからいえば、金子勝・慶應義塾大学名誉教授をはじめ、共に学び合った友人たちを挙げなければならないし、未熟な私にとって教え子たちは、私が教える者ではなく、私を教え導く者となっている。さらに私の研究対象である財政にかかわっている政治家や官僚の方々からも多くの教えと導きを賜《たまわ》ることになったのである。

私は東京大学の定年を迎えるとともに、常勤職で地方財政審議会会長を務めることになり、特別職とはいえ、総務省に勤務することになった。実際の政策過程で、総務省の方々に助けられ、職務をどうにか果たすことで、私は多くを学んだ。総務省の方々の温かい教えなしには、本書を書きあげることはできなかった。

教え導かれたということからいえば、財務省主税局の方々にも深甚《しんじん》なる謝意を捧げたい。広く学術研究を導いて下さり、その導きによって本書をまとめあげることができたといってよい。

とはいえ、年老いたる私が本書を世に送り出せるすべては、本書の発刊にひたすら情熱を傾けて下さった、岩波書店の編集者である田中宏幸氏の労苦に負っている。田中氏は、すでに力尽きている私に寄り添い、私を励まして、本書の出版にまで漕ぎつけてくれたのである。

眼の不自由な私は、眼に光源を入れることを避けているため、未だに原稿は手書きである。読みがたい私の原稿をワープロで入力してくれる乾桃子さんの献身的な努力なしには本書をつくりあげることはできなかった。私はもはや、読んだ書物すら想い起こせなくなっている。私の記憶力の代わりを、嫌な顔をせずに担ってくれている教え子の慶應義塾大学の井手英策教授や帝京大学の古市将人准教授には、感謝の言葉もない。

私に生命を与えてくれた両親が生きてくれていることが、私の「生」を励ましてくれていた。その父は二〇二一年四月に一〇三歳で、あの世に旅立った。しかし、母が九八歳でまだ生きてくれていることが、私の生を支えている。

私の弟は二人とも医師である。病弱な私が今なお生存できているのは、内科医である末弟の悟が、私の健康を的確に管理してくれているからである。ただ有難く思うばかりである。

妻和子には私に尽くすだけの人生を送らせてしまった。年老いて足を引き摺るようになっても、なお、私の世話をしようとする妻の姿に涙せずにはいられない。ささやかではあるけれども、本書は妻和子に捧げることにしたい。

二〇二三年　冬の扉が開いた霜月の日に

神野直彦

Marx, [illegible], Theorie und Praxis der modernen Einkommensbesteuerung, A. Francke, 1947
Helleiner, E., "Great Transformations: A Polanyian Perspective on the Contemporary Global Financial Order", Studies in Political Economy, Vol. 48, 1995
Shonfield, A., Modern Capitalism, London: Oxford University Press, 1965
Steinmo, Sven, [illegible] [illegible] the [illegible] of the [illegible] State, [illegible], 199[illegible]

主要参考文献

【日本語文献】
石原俊時『市民社会と労働者文化――スウェーデン福祉国家の社会的起源』木鐸社，1996年
磯田文雄『教育行政――分かち合う共同体をめざして』ミネルヴァ書房，2014年
大内秀明『知識社会の経済学――ポスト資本主義社会の構造改革』日本評論社，1999年
岡沢憲芙『スウェーデンの政治――実験国家の合意形成型政治』東京大学出版会，2009年
岡村定矩「私たちと宇宙――ユニバーサルな視点から人類を見る」2021年8月5日，信濃木崎夏期大学レジュメ
折原浩『人間の復権を求めて』中央公論社，1971年
金子勝『資本主義の克服――「共有論」で社会を変える』集英社新書，2015年
訓覇法子『スウェーデン人はいま幸せか』NHKブックス，1991年
訓覇法子『アプローチとしての福祉社会システム論』法律文化社，2002年
「幸せリーグ」事務局編『「幸せリーグ」の挑戦』三省堂，2014年
神野直彦『システム改革の政治経済学』岩波書店，1998年
神野直彦『地域再生の経済学――豊かさを問い直す』中公新書，2002年
神野直彦『人間回復の経済学』岩波新書，2002年
神野直彦『教育再生の条件――経済学的考察』岩波書店，2007年
神野直彦『「分かち合い」の経済学』岩波新書，2010年
神野直彦「市場と民主主義」岡澤憲芙編著『北欧学のフロンティア――その成果と可能性』ミネルヴァ書房，2015年

神野直彦・井手英策・連合総合生活開発研究所編『「分かち合い」社会の構想――連帯と共助のために』岩波書店，2017 年
神野直彦・金子勝編『「福祉政府」への提言――社会保障の新体系を構想する』岩波書店，1999 年
神野直彦・澤井安勇編著『ソーシャル・ガバナンス――新しい分権・市民社会の構図』東洋経済新報社，2004 年
玉野井芳郎『エコノミーとエコロジー――広義の経済学への道』みすず書房，1978 年
玉野井芳郎著，鶴見和子・新崎盛暉編『地域主義からの出発　玉野井芳郎著作集 第 3 巻』学陽書房，1990 年
月尾嘉男『縮小文明の展望――千年の彼方を目指して』東京大学出版会，2003 年
鳥集徹『コロナ自粛の大罪』宝島社新書，2021 年
内閣府『令和 4 年版　経済財政白書』日経印刷，2022 年
西川潤『グローバル化を超えて――脱成長期　日本の選択』日本経済新聞出版社，2011 年
正村公宏『人間を考える経済学――持続可能な社会をつくる』NTT 出版，2006 年
森田稔編著『図説　日本の財政(令和 4 年度版)』財経詳報社，2022 年
山田鋭夫『ウェルビーイングの経済』藤原書店，2022 年

【翻訳文献】
カミュ，アルベール著，サルトル，ジャン＝ポール著，佐藤朔訳『革命か反抗か――カミュ＝サルトル論争』新潮文庫，1969 年
ガルブレイス，ジョン・K. 著，都留重人監訳『不確実性の時代』TBS ブリタニカ，1978 年
コリアー，ポール著，ケイ，ジョン著，池本幸生・栗林寛幸訳『強欲資本主義は死んだ――個人主義からコミュニティの時代へ』勁草書房，2023 年

サエズ，エマニュエル著，ズックマン，ガブリエル著，山田美明訳『つくられた格差——不公平税制が生んだ所得の不平等』光文社，2020 年
サター，アンドリュー・J. 著，中村起子訳『経済成長神話の終わり——減成長と日本の希望』講談社現代新書，2012 年
シャフィク，ミノーシュ著，森内薫訳『21 世紀の社会契約』東洋経済新報社，2022 年
シュトレーク，ヴォルフガング著，村澤真保呂・信友建志訳『資本主義はどう終わるのか』河出書房新社，2017 年
シュムペーター著，木村元一・小谷義次訳『租税国家の危機』岩波文庫，1983 年
シュムペーター，ヨーゼフ著，中山伊知郎・東畑精一訳『資本主義・社会主義・民主主義(上・中・下)〈原書第 3 版〉』東洋経済新報社，1951–52 年
シュメルダース，G. 著，中村英雄訳『租税の一般理論』中央大学出版部，1967 年
スコッチポル，シーダ著，河田潤一訳『失われた民主主義——メンバーシップからマネージメントへ』慶應義塾大学出版会，2007 年
チョムスキー，ノーム著，大地舜・榊原美奈子訳『誰が世界を支配しているのか？』双葉社，2018 年
デューイ著，松野安男訳『民主主義と教育』上・下，岩波文庫，1975 年
トゥーズ，アダム著，江口泰子訳『世界はコロナとどう闘ったのか？——パンデミック経済危機』東洋経済新報社，2022 年
ドラッカー，P. F. 著，上田惇生・佐々木実智男・田代正美訳『ポスト資本主義社会——21 世紀の組織と人間はどう変わるか』ダイヤモンド社，1993 年
パットナム，ロバート・D. 著，河田潤一訳『哲学する民主主義——伝統と改革の市民的構造』NTT 出版，2001 年

ピケティ，トマ著，山形浩生・守岡桜・森本正史訳『21世紀の資本』みすず書房，2014年
ピケティ，トマ著，山本知子・佐藤明子訳『来たれ，新たな社会主義　世界を読む2016–2021』みすず書房，2022年
フーラスティエ，ジャン著，長塚隆二訳『四万時間――未来の労働を予測する』朝日新聞社，1965年
ブランシャール，オリヴィエ編，ロドリック，ダニ編，月谷真紀訳『格差と闘え――政府の役割を再検討する』慶應義塾大学出版会，2022年
ヘイ，コリン著，吉田徹訳『政治はなぜ嫌われるのか――民主主義の取り戻し方』岩波書店，2012年
ペティ著，大内兵衛・松川七郎訳『政治算術』岩波文庫，1955年
ポラニー，カール著，野口建彦・栖原学訳『[新訳]大転換――市場社会の形成と崩壊』東洋経済新報社，2009年
ミル，J. S. 著，末永茂喜訳『経済学原理(四)』岩波文庫，1961年
メイソン，ポール著，佐々とも訳『ポストキャピタリズム――資本主義以後の世界』東洋経済新報社，2017年
リンドクウィスト，アーネ著，ウェステル，ヤン著，川上邦夫訳『あなた自身の社会――スウェーデンの中学教科書』新評論，1997年
ルンドベリィ，ブー著，川上邦夫訳『視点をかえて――自然・人間・全体』新評論，1998年
ロビンズ，エイモリー著，室田泰弘・槌屋治紀訳『ソフト・エネルギー・パス――永続的平和への道』時事通信社，1979年

【外国語文献】

Esping-Andersen, G., 'Welfare State at the End of the Century', OECD, Patrick Hennessy, Mark Pearson (ed.), *Family, Market and Community, Equity and Efficiency in Social Policy* (Social Policy Studies, No.21), 1997, Paris, p.64

Fritz, Neumark, *Theorie und Praxis der modernen Einkommensbesteuerung*, A. Francke, 1947
Helleiner, E., 'Great Transformation: A Polanyian Perspective on the Contemporary Global Financial Order', *Studies Political Economy*, Vol. 48, 1995
Shehab, F., *Progressive Taxation*, London: Oxford University Press, 1953
Steinmo, Sven, *Why Tax Reform? Understanding Tax Reform in its Political and Economic Context*, 1995

神野直彦

1946年埼玉県生まれ.
東京大学経済学部卒業. 東京大学大学院経済学研究科博士課程単位取得退学.
東京大学名誉教授. 財政学.
著書に『システム改革の政治経済学』『経済学は悲しみを分かち合うために——私の原点』(以上,岩波書店),『「分かち合い」の経済学』(岩波新書),『財政のしくみがわかる本』(岩波ジュニア新書),『財政学』(有斐閣),『地域再生の経済学——豊かさを問い直す』(中公新書)など.

財政と民主主義
——人間が信頼し合える社会へ　　岩波新書(新赤版)2007

2024年2月20日　第1刷発行
2024年6月14日　第3刷発行

著　者　神野直彦《じんのなおひこ》

発行者　坂本政謙

発行所　株式会社 岩波書店
〒101-8002 東京都千代田区一ツ橋2-5-5
案内 03-5210-4000　営業部 03-5210-4111
https://www.iwanami.co.jp/

新書編集部 03-5210-4054
https://www.iwanami.co.jp/sin/

印刷・理想社　カバー・半七印刷　製本・中永製本

ISBN 978-4-00-432007-4　　Printed in Japan

岩波新書新赤版一〇〇〇点に際して

ひとつの時代が終わったと言われて久しい。だが、その先にいかなる時代を展望するのか、私たちはその輪郭すら描きえていない。二〇世紀から持ち越した課題の多くは、未だ解決の緒を見つけることのできないままであり、二一世紀が新たに招きよせた問題も少なくない。グローバル資本主義の浸透、憎悪の連鎖、暴力の応酬――世界は混沌として深い不安の只中にある。

現代社会においては変化が常態となり、速さと新しさに絶対的な価値が与えられた。消費社会の深化と情報技術の革命は、種々の境界を無くし、人々の生活やコミュニケーションの様式を根底から変容させてきた。ライフスタイルは多様化し、一面では個人の生き方をそれぞれが選びとる時代が始まっている。同時に、新たな格差が生まれ、様々な次元での亀裂や分断が深まっている。社会や歴史に対する意識が揺らぎ、普遍的な理念に対する根本的な懐疑や、現実を変えることへの無力感がひそかに根を張りつつある。そして生きることに誰もが困難を覚える時代が到来している。

しかし、日常生活のそれぞれの場で、自由と民主主義を獲得し実践することを通じて、私たち自身がそうした閉塞を乗り超え、希望の時代の幕開けを告げてゆくことは不可能ではあるまい。そのために、いま求められていること――それは、個と個の間で開かれた対話を積み重ねながら、人間らしく生きることの条件について一人ひとりが粘り強く思考することではないか。その営みの糧となるものが、教養に外ならないと私たちは考える。歴史とは何か、よく生きるとはいかなることか、世界そして人間はどこへ向かうべきなのか――こうした根源的な問いとの格闘が、文化と知の厚みを作り出し、個人と社会を支える基盤としての教養となった。まさにそのような教養への道案内こそ、岩波新書が創刊以来、追求してきたことである。

岩波新書は、日中戦争下の一九三八年一一月に赤版として創刊された。創刊の辞は、道義の精神に則らない日本の行動を憂慮し、批判的精神と良心的行動の欠如を戒めつつ、現代人の現代的教養を刊行の目的とする、と謳っている。以後、青版、黄版、新赤版と装いを改めながら、合計二五〇〇点余りを世に問うてきた。そして、いままた新赤版が一〇〇〇点を迎えたのを機に、人間の理性と良心への信頼を再確認し、それに裏打ちされた文化を培っていく決意を込めて、新しい装丁のもとに再出発したいと思う。一冊一冊から吹き出す新風が一人でも多くの読者の許に届くこと、そして希望ある時代への想像力を豊かにかき立てることを切に願う。

（二〇〇六年四月）

岩波新書より

社会

- 女性不況サバイバル　竹信三恵子
- パリの音楽サロン　青柳いづみこ
- 持続可能な発展の話　宮永健太郎
- 皮革とブランド 変化するファッション倫理　西村祐子
- 動物がくれる力 教育、福祉、そして人生　大塚敦子
- 政治と宗教　島薗進編
- 超デジタル世界　西垣通
- 現代カタストロフ論　金子勝 児玉龍彦
- 「移民国家」としての日本　宮島喬
- 迫りくる核リスク 〈核抑止〉を解体する　吉田文彦
- 記者がひもとく「少年」事件史　川名壮志
- 中国のデジタルイノベーション　小池政就
- これからの住まい　川崎直宏
- 検察審査会　デイビッド・T・ジョンソン 平山真理 福来寛
- ドキュメント〈アメリカ世〉の沖縄　宮城修
- 東京大空襲の戦後史　栗原俊雄
- 土地は誰のものか　五十嵐敬喜
- 民俗学入門　菊地暁
- 企業と経済を読み解く小説50　佐高信
- 視覚化する味覚　久野愛
- ロボットと人間 人とは何か　石黒浩
- ジョブ型雇用社会とは何か　濱口桂一郎
- 法医学者の使命 「人の死を生かす」ために　吉田謙一
- 異文化コミュニケーション学　鳥飼玖美子
- モダン語の世界へ　山室信一
- 時代を撃つノンフィクション100　佐高信
- 労働組合とは何か　木下武男
- プライバシーという権利　宮下紘
- 地域衰退　宮崎雅人
- 江戸問答　田中優子 松岡正剛
- 広島平和記念資料館は問いかける　志賀賢治
- コロナ後の世界を生きる　村上陽一郎編
- リスクの正体　神里達博
- 紫外線の社会史　金凡性
- 「勤労青年」の教養文化史　福間良明
- 5G 次世代移動通信規格の可能性　森川博之
- 客室乗務員の誕生　山口誠
- 「孤独な育児」のない社会へ　榊原智子
- 放送の自由　川端和治
- 社会保障再考 〈地域〉で支える　菊池馨実
- 生きのびるマンション　山岡淳一郎
- 虐待死 なぜ起きるのか、どう防ぐか　川崎二三彦
- 平成時代◆　吉見俊哉
- バブル経済事件の深層　奥山俊宏 村山治
- 日本をどのような国にするか　丹羽宇一郎
- なぜ働き続けられない？ 社会と自分の力学　鹿嶋敬
- 物流危機は終わらない　首藤若菜

岩波新書より

認知症フレンドリー社会　徳田雄人
アナキズム　一丸となってバラバラに生きろ　栗原康
まちづくり都市 金沢　山出保
総介護社会　小竹雅子
賢い患者　山口育子
住まいで「老活」　安楽玲子
現代社会はどこに向かうか　見田宗介
EVと自動運転　クルマをどう変えるか　鶴原吉郎
ルポ 保育格差◆　小林美希
棋士とAI　王銘琬
科学者と軍事研究　池内了
原子力規制委員会　新藤宗幸
東電原発裁判　添田孝史
日本問答　田中優子・松岡正剛
日本の無戸籍者　井戸まさえ
〈ひとり死〉時代のお葬式とお墓　小谷みどり
町を住みこなす　大月敏雄

歩く、見る、聞く 人びとの自然再生　宮内泰介
対話する社会へ　暉峻淑子
悩みいろいろ　金子勝
魚と日本人　食と職の経済学　濱田武士
ルポ 貧困女子　飯島裕子
鳥獣害　動物たちと、どう向きあうか　祖田修
科学者と戦争　池内了
新しい幸福論　橘木俊詔
ブラックバイト　学生が危ない　今野晴貴
原発プロパガンダ　本間龍
ルポ 母子避難　吉田千亜
日本にとって沖縄とは何か　新崎盛暉
日本病　長期衰退のダイナミクス◆　金子勝・児玉龍彦
雇用身分社会　森岡孝二
生命保険とのつき合い方◆　出口治明
ルポ にっぽんのごみ　杉本裕明
鈴木さんにも分かるネットの未来　川上量生

地域に希望あり◆　大江正章
世論調査とは何だろうか◆　岩本裕
フォト・ストーリー 沖縄の70年　石川文洋
ルポ 保育崩壊　小林美希
多数決を疑う　社会的選択理論とは何か　坂井豊貴
アホウドリを追った日本人　平岡昭利
朝鮮と日本に生きる　金時鐘
被災弱者　岡田広行
農山村は消滅しない　小田切徳美
復興〈災害〉　塩崎賢明
「働くこと」を問い直す　山崎憲
原発と大津波 警告を葬った人々　添田孝史
縮小都市の挑戦　矢作弘
福島原発事故 被災者支援政策の欺瞞　日野行介
日本の年金◆　駒村康平
食と農でつなぐ 福島から◆　塩谷弘康・岩崎由美子
過労自殺〔第二版〕◆　川人博